**Kauderwelsch**
**Band 81**

# Impressum

John Nolan
**Slowakisch – Wort für Wort**
erschienen im
REISE KNOW-HOW Verlag Peter Rump GmbH
Osnabrücker Str. 79, D-33649 Bielefeld
info@reise-know-how.de

© REISE KNOW-HOW Verlag Peter Rump GmbH
12. Auflage 2020
Konzeption, Gliederung, Layout und Umschlagklappen
wurden speziell für die Reihe „Kauderwelsch" entwickelt
und sind urheberrechtlich geschützt.
Alle Rechte vorbehalten.

| | |
|---|---|
| *Bearbeitung & Layout* | Claudia Schmidt |
| *Layout-Konzept* | Günter Pawlak, FaktorZwo! Bielefeld |
| *Umschlag* | Peter Rump (Foto: Piotr Szpakowski@Fotolia.com) |
| *Kartographie* | Iain Macneish |
| *Fotos* | Slowakische Zentrale für Tourismus, Berlin (www.slovakia.travel) |
| *Gesamtherstellung* | Himmer GmbH Druckerei & Verlag, Augsburg |

**ISBN: 978-3-8317-6486-0**

Printed in Germany

Wer im Buchhandel kein Glück hat, bekommt unsere Bücher
auch direkt über unseren Internet-Shop:

**www.reise-know-how.de**

Die Internetseiten mit Aussprachebeispielen und der Zugriff auf
diese über QR-Codes sind eine freiwillige, kostenlose
Zusatzleistung des Verlages. Der Verlag behält sich vor,
die Bereitstellung des Angebotes und die Möglichkeit der Nut-
zung zeitlich und inhaltlich zu beschränken. Der Verlag über-
nimmt keine Garantie für das Funktionieren der Seiten und keine
Haftung für Schäden, die aus dem Gebrauch der Seiten resul-
tieren. Es besteht ferner kein Anspruch auf eine unbefristete
Bereitstellung der Seiten.

Der Verlag möchte die **Reihe Kauderwelsch** weiter ausbauen
und **sucht Autoren!** Mehr Informationen finden Sie unter
**www.reise-know-how.de/verlag/mitarbeit**

**Kauderwelsch**

John Nolan

# Slowakisch

*Wort für Wort*

## Kauderwelsch heißt:

- Schnell mit dem **Sprechen** beginnen, auch wenn nicht immer alles korrekt ist.
- Von der **Grammatik** wird nur das Wichtigste in einfachen Worten erklärt.
- Alle Beispielsätze werden doppelt ins Deutsche übertragen: erst **Wort-für-Wort,** dann in normales Deutsch. Die Wort-für-Wort-Übersetzung hilft, die neue Sprache schneller zu durchschauen, außerdem lassen sich dadurch leichter einzelne Wörter im fremdsprachigen Satz austauschen.
- Es geht um die **Alltagssprache,** also das, was man tatsächlich auf der Straße hört.
- Die **Autoren** sind entweder Reisende, die die Sprache im Land selbst gelernt haben, oder Muttersprachler.

**Kauderwelsch-Sprachführer** sind keine Lehrbücher, aber viel mehr als traditionelle Reisesprachführer. Wer ein wenig Zeit investiert, einige Vokabeln lernt und die Sprache im Land anwendet, wird **Türen öffnen,** ein Lächeln ins Gesicht zaubern und reichere Erfahrungen machen.

## Talk to each other!

## Kauderwelsch zum Anhören

Einzelne Sätze und Ausdrücke aus diesem Buch können Sie sich **kostenlos anhören.** Diese **Aussprachebeispiele** erreichen Sie über die im Buch abgedruckten QR-Codes oder diese Adresse: www.reise-know-how.de/kauderwelsch/081

Die Aussprachebeispiele im Buch sind Auszüge aus dem umfassenden Tonmaterial, das unter dem Titel **„Kauderwelsch Aussprachetrainer Slowakisch"** separat erhältlich ist – als Download über Onlinehörbuchshops (ISBN 978-3-95852-118-6) oder als CD im Buchhandel (ISBN 978-3-8317-6143-2). Beide Versionen erhalten Sie auch über unsere Internetseite:

■ **www.reise-know-how.de**

Alle Sätze, die Sie auf dem Aussprachetrainer hören können, sind in diesem Buch mit einem 𝄞 gekennzeichnet.

# Inhalt

**Grammatik**

# Inhalt

## Vorwort

**H**erzlich willkommen! wünsche ich allen, die vorhaben, die Slowakei kennen zu lernen oder eine Reise zumindest gedanklich planen. Vor der „Sanften Revolution" von 1989 und der Öffnung der Grenze war die Slowakei für westeuropäische Urlauber ein relativ unbekanntes Land. Wer das Land ohne Reiseleiter kennen lernen möchte, echten Kontakt zu den Einheimischen sucht und zumindest einige Grundkenntnisse erlernen möchte, der ist mit dem vorliegenden Sprachführer Slowakisch gut beraten.

Ziel des vorliegenden Sprachführers ist es, die Grundzüge der Grammatik ohne viele Ausnahmen und Besonderheiten möglichst übersichtlich und einfach zu erklären. Der Konversationsteil bietet die wichtigsten Redewendungen und Vokabeln in alltäglichen touristischen Situationen, wie z. B. „Unterwegs" (mit öffentlichen Verkehrsmitteln), „Übernachten", „Eingeladen sein" oder „Rund ums Geld" (Bank) usw.

Oft genügen schon geringe Sprachkenntnisse, um die unsichtbare Schwelle zwischen Urlauber und Einheimischen zu überwinden. Sicher werden sich so auch Kontakte und Begegnungen ergeben, die man so leicht nicht wieder vergisst. Dabei wünsche ich Ihnen viel Spaß und Erfolg!

John Nolan

## Hinweise zur Benutzung

**D**er Kauderwelsch-Band Slowakisch ist in drei Hauptabschnitte gegliedert:

Die **Grammatik** beschränkt sich auf das Wesentliche und ist so einfach gehalten wie möglich. Deshalb sind auch nicht sämtliche Ausnahmen und Unregelmäßigkeiten der Sprache erklärt. Natürlich kann man die Grammatik auch überspringen und sofort mit dem Konversationsteil beginnen. Wenn dann Fragen auftauchen, kann man immer noch in der Grammatik nachsehen.

*Wer noch mehr über die Grammatik des Slowakischen wissen möchte, findet im Anhang eine Bücherliste mit weiterführenden Lehrbüchern.*

Im **Konversationsteil** finden Sie Sätze aus dem Alltagsgespräch, die Ihnen einen ersten Eindruck davon vermitteln sollen, wie die slowakische Sprache „funktioniert", und die Sie auf das vorbereiten sollen, was Sie später in der Slowakei hören werden.

Jede Sprache hat ein typisches Satzbaumuster. Um die sich vom Deutschen unterscheidende Wortfolge slowakischer Sätze zu verstehen, ist die **Wort-für-Wort-Übersetzung** in kursiver Schrift gedacht. Jedem slowakischen Wort entspricht ein Wort in der Wort-für-Wort-Übersetzung. Wird ein slowakisches Wort durch zwei deutsche Wörter übersetzt, werden diese mit Bindestrich verbunden:

*Bei Verben ist meistens das persönliche Fürwort in Klammern ergänzt.*

**Mám dvadsaťtri.**
*(ich-)habe zwanzig-drei*
Ich bin dreiundzwanzig.

**Ako sa voláš?**
*wie sich (du-)nennst*
Wie heißt du?

Da die Fälle (Deklination) im Slowakischen ein unvermeidbares Thema sind, ist in der Wort-für-Wort-Übersetzung die „Nummer" des jeweiligen Falls angegeben, in dem ein Wort gebeugt ist (z. B. „2" für den 2. Fall):

*Werden in einem Satz mehrere Wörter angegeben, die man untereinander austauschen kann, steht zwischen diesen ein Schrägstrich.*

**Som z Nemecka / z Rakúska.**
*(ich-)bin aus Deutschland(2) / aus Österreich(2)*
Ich bin aus Deutschland / aus Österreich.

Manchmal müssen Frauen und Männer die weibliche bzw. männliche Form eines Haupt- oder Eigenschaftswortes benutzen, oder man verwendet mit Bezug auf eine Frau die weibli- che, auf einen Mann die männliche Variante.

**Som unavený / unavená.**
*(ich-)bin müde(m/w)*
Ich bin müde.

**Si študent / študentka?**
*(du-)bist Student(m/w)*
Bist du Student/in?

Mit einem kleinen bisschen Kreativität und Mut können Sie sich neue Sätze „zusammen- basteln", auch wenn das Ergebnis nicht im- mer grammatikalisch perfekt ausfällt.

*Benutzen Sie die Beispielsätze als Satzschablonen, die Sie selbst Ihren Bedürfnissen anpassen.*

Die **Wörterlisten** am Ende des Buches ent- halten einen Grundwortschatz von je ca. 1000 Wörtern, mit denen man schon eine ganze Menge anfangen kann.

Die **Umschlagklappe** hält die wichtigsten Sätze und Formulierungen bereit. Die ge- wünschte Satzkonstruktion kann mit dem entsprechenden Vokabular aus den einzelnen Kapiteln kombiniert werden.

## Die slowakische Sprache

*Um es gleich vorwegzunehmen: Slowakisch ist keine einfache Sprache. Es hat eine komplizierte Grammatik, und im Wortschatz wie auch in der Aussprache weicht es stark vom Deutschen ab.*

**S**lowakisch gehört zur Gruppe der westslawischen Sprachen, ist also am engsten mit Tschechisch und Polnisch verwandt. Slowaken und Tschechen verstehen sich ohne Übersetzung. Im Fernsehen werden beide Sprachen durcheinander gesprochen, je nachdem, woher der Redner stammt. Unter den westslawischen Sprachen hat Slowakisch die meisten Ähnlichkeiten zu den ostslawischen Sprachen Ukrainisch und Russisch, und deswegen nennt man es das „Esperanto der slawischen Sprachen". Als Schriftsprache ist Slowakisch eine ziemlich junge Sprache – es wurde erst im 18. und 19. Jahrhundert kodifiziert (hauptsächlich von Ľudovít Štúr um 1843).

Wegen der großen Ähnlichkeit zum Tschechischen behaupteten manche Gelehrte, dass Slowakisch ein Dialekt des Tschechischen sei. Es ist jedoch eine selbstständige Sprache von rund 4,8 Mio. Sprechern mit eigener Grammatik und Literatur.

## Aussprache & Betonung

**D**as slowakische Alphabet hat 34 Buchstaben. Im Prinzip sind dies die gleichen Buchstaben wie im Tschechischen. Ausnahmen: Die drei tschechischen Buchstaben ř, ě und ů gibt es nicht im Slowakischen, und die slowakischen Buchstaben ľ, ä, ô gibt es nicht im Tschechischen. Hier nun das Alphabet:

*Das Slowakische wird in lateinischer Schrift mit diakritischen Zeichen (Sonderzeichen) geschrieben.*

a, ä, b, c, č, d, ď, e, f, g, h, ch, i, j, k, l, ľ, m, n, ň, o, ô, p, r, s, š, t, ť, u, v, x, y, z, ž.

### Mitlaute (Konsonanten)

| | | |
|---|---|---|
| c | stimmloses „ts", wie „tz" in „Scha**tz**", auch vor k wie „tz" | **moc** (*Macht*) **nemecky** (*deutsch*) |
| č | wie stimmloses „tsch" in „Ma**tsch**" | **prečo** (*warum*) |
| ď | wie „dj" in „Na**dj**a" | **hneď** (*sofort*) |
| h | ist kein Dehungszeichen, sondern immer deutlich hörbar, auch am Silbenende | **hora** (*Berg*) **roh** (*Ecke*) |
| ch | raues „ch" wie in „Ba**ch**" | **chcem** (*ich will*) |
| j | „j" wie in „**J**äger" | **ďakujem** (*danke*) |
| l | Aussprache wie im Deutschen; Besonderheit: l kann auch alleine in einer Silbe anstelle eines Selbstlautes stehen! | **žltý** (*gelb*) |
| | wie „lj" in „a**llj**ährlich" | **tabuľa** (*Tafel*) |
| ň | wie „nj" in „A**nj**a" | **daň** (*Steuer*) |
| r | Zungenspitzen-R wie im Italienischen; r kann auch alleine in einer Silbe anstelle eines Selbstlautes stehen! | **presne** (*genau*) **smrť** (*Tod*) |
| s | stimmloses „s" bzw. „ss" wie in „Ba**ss**" | **starý** (*alt*) |
| š | wie stimmloses „sch" in „**Sch**ule" | **škola** (*Schule*) |

| ť | wie „tj" in „Ka**tj**a" | **mať** *(haben)* |
|---|---|---|
| v | normalerweise wie „w" in „**W**ein"; vor stimmlosem Mitlaut wie „f"; nach einem Selbstlaut wie „u"; vor š wird v meist gar nicht gesprochen | **víno** *(Wein)* **vták** *(Vogel)* **rokov** *(Jahre, 2. Fall)* **všetko** *(alles)* |
| z | stimmhaftes „s" wie in „**saus**en" | **zem** *(Erde)* |
| dz | stimmhaftes „ds" wie in „Run**ds**aal" | **medzi** *(zwischen)* |
| ž | stimmhaftes „sch" wie 2. „g" in „Gara**ge**" | **žena** *(Frau)* |
| dž | stimmhaftes „dsch" wie in „**Dsch**ungel" | **džús** *(Saft)* |

## Selbstlaute (Vokale) / Doppellaute (Diphthonge)

| ä | wie „ä" im Deutschen | **mäso** *(Fleisch)* |
|---|---|---|
| e | offenes „e" wie in B**e**tt" | **zem** *(Erde)* |
| o | offenes „o" wie in „M**o**tte" | **noc** *(Nacht)* |
| ô | etwa wie „uo" | **kôň** *(Pferd)* |
| y | immer wie „i" (niemals „ü"!) | **ty** *(du)* |
| ie | getrennt gesprochen wie in „Lin**ie**", i und e müssen beide hörbar sein | **viem** *(ich weiß)* |
| ia | getrennt gesprochen wie etwa in „Fil**ia**le" | **viac** *(mehr)* |
| iu | getrennt gesprochen, wie etwa in „Imper**iu**m", aber mit längerem „u" | **cudziu** *(fremd, 4. Fall weibl. Ez)* |

Achtung: y und i werden beide wie „i" ausgesprochen, z. B.:

| **byť** *„bitj" (sein)* | **biť** *„bitj" (schlagen)* |
|---|---|

### Längezeichen

Lange slowakische Selbstlaute tragen ein Längezeichen (wie der französische Akut-Akzent):

| | | | |
|---|---|---|---|
| **mama** | Mutti | **máme** | wir haben |
| **ten** | der | **téma** | Thema |
| **iste** | sicherlich | **ísť** | gehen |
| **tona** | Tonne | **tón** | Ton |
| **už** | schon | **ústa** | Mund |
| **vysoký** | hoch | **východ** | Ausgang |
| **prst** | Finger | **vŕba** | Weide |
| **dlhý** | lang | **dĺžka** | Länge |

*Zwei lange Silben können nie direkt nacheinander stehen (wichtige Regel für Eigenschaftswörter und einige Verben). Auch l und r können als lange „Vokale" auftreten.*

## weiche / harte Mitlaute

Als „harte" Mitlaute werden t, d, l und n bezeichnet; die entsprechenden Mitlaute mit „Häkchen", nämlich ť, ď, ľ und ň, werden als „weich" bezeichnet. Als weich gelten auch c, č, ž und j. Gelegentlich findet man die mit nachgestelltem Häkchen geschriebenen weichen Mitlaute auch mit darüber stehendem Häkchen, vor allem in der Handschrift (ň wird immer nur mit darüber stehendem Häkchen geschrieben). Häufig werden die weichen Mitlaute aber auch dann weich ausgesprochen, wenn sie kein Sonderzeichen tragen. Denn immer wenn t, d, n oder l vor den hellen Selbstlauten i, í oder e stehen, spricht man sie weich aus, auch ohne dass sie besonders markiert wären. Vor é, y oder einem sonstigen Selbstlaut bleibt die Aussprache jedoch „hart".

*Y steht niemals nach den folgenden (weichen) Mitlauten: ť, ď, ň, ľ, c, č, š, ž, j. Diese Regel spielt bei der Bildung der Mehrzahl eine Rolle. Bei den dazugehörigen Druckschrift-Großbuchstaben wird es ganz verwirrend: es ist stets Ď, Ť und Ň (also mit darüber stehendem Häkchen), zum anderen aber Ľ mit nachgestelltem Häkchen (übrigens kein Apostroph!).*

| **Betonung** | |
|---|---|
| **ekonomika** | Ökonomie |
| **rozumiem** | ich verstehe |
| **nerozumiem** | ich verstehe nicht |

*Alle Wörter werden auf der ersten Silbe betont.*

## Wörter, die weiterhelfen

**M**it folgenden Floskeln ist eine Verständigung ohne Grammatikkenntnisse möglich.

| | |
|---|---|
| **Prosím ... !** | **Prosím Vás pekne, ...** |
| *(ich-)bitte* | *(ich-)bitte euch(4) schön(Umst.)* |
| Bitte ... ! | Entschuldigen Sie, bitte, ... |

### *Kde je ... ? (Wo ist ... ? / Wo gibt es ... ?)*

| | |
|---|---|
| **Kde je taxík?** | Wo gibt es ein Taxi? |
| *wo ist Taxi* | |
| **Kde je hlavná stanica?** | Wo ist der Haupt-bahnhof? |
| *wo ist Haupt Bahnhof* | |
| **Kde je hotel?** | Wo gibt es ein Hotel? |
| *wo ist Hotel* | |
| **Kde je záchod?** | Wo gibt es ein WC? |
| *wo ist WC* | |

| | | | |
|---|---|---|---|
| **lekáreň** *(w)* | Apotheke | **obchod** | Geschäft |
| **lekár** | Arzt | **konzulát** | Konsulat |
| **banka** | Bank | **nemocnica** | Krankenhaus |
| **veľvyslanectvo** | Botschaft | **polícia** | Polizei |
| **autobus** | Bus | **pošta** | Post |
| **letisko** | Flughafen | **telefón** | Telefon |

**Hinweise**

| | | | |
|---|---|---|---|
| **vpravo** | rechts | **doprava** | nach rechts |
| **vľavo** | links | **doľava** | nach links |
| **tu, tuto** | hier | **sem** | hierhin |
| **tam, tamto** | dort | **tam, tamto** | dorthin |
| **blízko** | nah | **ďaleko – ďalej** | weit – weiter |
| **rovno** | geradeaus | **naspäť** | zurück |
| **križovatka** | Kreuzung | **semafor** | Ampel |

## Hľadám ... (Ich suche ...) + 4. Fall

Bei den folgenden drei Satzkonstruktionen stehen die Wörter, die eingesetzt werden sollen, im 4. Fall (Akkusativ).

| | |
|---|---|
| **Hľadám reštauráciu.** | Ich suche ein |
| *(ich-)suche Restaurant(4)* | Restaurant. |
| **Hľadám poštu.** | Ich suche ein |
| *(ich-)suche Postamt(4)* | Postamt. |

*Der 4. Fall ist meist mit dem 1. Fall identisch. Ausnahme: Weibliche Hauptwörter bekommen statt der Endung -a die Endung -u. So wird z. B. aus* stanica *(Bahnhof)* stanicu.

## Máte ... ? (Haben Sie ... ?) + 4. Fall

| | |
|---|---|
| **Máte voľnú izbu?** | Haben Sie ein freies |
| *(ihr-)habt freies(4)* | Zimmer? |
| *Zimmer(4)* | |
| **Máte batérie?** | Haben Sie |
| *(ihr-)habt Batterien(4)* | Batterien? |

**Áno, máme.**     **Nie, nemáme.**
*ja (wir-)haben*     *nein nicht-(wir-)haben*
Ja, haben wir.     Nein, haben wir nicht.

## Prosím si ... (Ich möchte ...) + 4. Fall

| | |
|---|---|
| **Prosím si tento chlieb.** | Ich hätte gern dieses |
| *(ich-)bitte sich dies Brot(4)* | Brot hier. |
| **Prosím si jeden** | Einen Hot Dog, |
| **Hot Dog.** | bitte. |
| *(ich-)bitte sich ein(4) „Hot Dog"* | |
| **Prosím si jeden lístok.** | Eine Fahrkarte, |
| *(ich-)bitte sich eine(4)* | bitte. |
| *Karte(4)* | |

### Koľko stojí … ? (Wie viel kostet … ?)

| | |
|---|---|
| **Koľko stojí tabak?** *wie-viel (er-)kostet Tabak* | Wie viel kostet der Tabak? |
| **Koľko to stojí?** *wie-viel das (es-)kostet* | Wie viel kostet das? |

| | |
|---|---|
| **Ďakujem pekne!** | Danke schön! |
| **Nech sa páči!** | Bitte schön! *(als Antwort)* |
| **Prosím!** | Bitte! *(als Aufforderung)* |
| **Dobrý deň!** | Guten Tag! |
| **Do videnia!** | Auf Wiedersehen! |

## Hauptwörter

**D**as Slowakische kennt wie das Deutsche drei grammatische Geschlechter: männlich, weiblich und sächlich (abgekürzt: *m, w, s*).

### Geschlecht

Das grammatische Geschlecht eines slowakischen Wortes entspricht nicht immer dem des entsprechenden deutschen Wortes.

| | | | |
|---|---|---|---|
| **slnko** *(s)* | Sonne *(w)* | **kniha** *(w)* | Buch *(s)* |

*Es gibt eine einfache Regel, wie man das grammatische Geschlecht eines slowakischen Hauptwortes erkennen kann.*

| Endung | Geschlecht | Beispiel | |
|---|---|---|---|
| (Mitlaut) | männlich | **stôl** *(m)* | Tisch |
| **-a** | weiblich | **ulica** *(w)* | Straße |
| **-o oder -e** | sächlich | **auto** *(s)* | Auto |
| | | **poschodie** *(s)* | Stockwerk |

Einige wichtige Ausnahmen sind alle Hauptwörter, die auf -nosť, -osť, -sť, -áreň oder -eň enden. Diese sind weiblich:

*Alle Ausnahmen sind im Folgenden immer mit einem „m", „w" bzw. „s" gekennzeichnet.*

| | | | |
|---|---|---|---|
| **piváreň** | Bierhalle | **cukráreň** | Konditorei |
| **miestnosť** | Raum | **šikovnosť** | Klugheit |
| **skutočnosť** | Wirklichkeit | | |

Einige Wörter, die auf einen Mitlaut enden, sind dennoch weiblich:

| | | | |
|---|---|---|---|
| **zem** | Erde | **vec** | Ding |
| **noc** | Nacht | **smrť** | Tod |

Die slowakische Endung -ista entspricht der deutschen Endung „-ist". Alle Hauptwörter mit dieser Endung sind männlich:

| | | | |
|---|---|---|---|
| **turista** | Tourist | **komunista** | Kommunist |
| **futbalista** | Fußballspieler | | |

## weibliche Formen aus der männlichen bilden

Die weibliche Endung -ka (entspricht der deutschen Endung „-in") wird dabei an das männliche Wort angehängt:

| | | | |
|---|---|---|---|
| **študent** | Student | **študentka** | Studentin |
| **učiteľ** | Lehrer | **učiteľka** | Lehrerin |
| **Rakúšan** | Österreicher | **Rakúšanka** | Österreicherin |

Endet die männliche Form auf -k, wird dieses -k durch die weibliche Endung -čka ersetzt:

| | | | |
|---|---|---|---|
| **čašník** | Kellner | **čašníčka** | Kellnerin |
| **žiak** | Schüler | **žiačka** | Schülerin |

| | | | |
|---|---|---|---|
| **Slovák** | Slowake | **Slovenka** | Slowakin |
| **Nemec** | Deutscher | **Nemka** | Deutsche |

*Diese Formen sind unregelmäßig.*

## männliche belebte / unbelebte Hauptwörter

*Männliche Hauptwörter werden in zwei Gruppen geteilt: in männliche „belebte" und männliche „unbelebte" (abgekürzt: „m/b" bzw. „m/u").*

Männliche belebte Hauptwörter sind diejenigen, die eine männliche Person oder einige männliche Tiere bezeichnen, z. B. muž *(Mann),* študent *(Student),* priateľ *(Freund),* pes *(Hund).* Alle anderen männlichen Hauptwörter gelten als „unbelebt". In einigen Fällen gibt es unterschiedliche Endungen für diese zwei Gruppen. Auf die abweichenden Formen der männlichen belebten Hauptwörter weise ich speziell hin. Formen, die nur als männlich *(m)* gekennzeichnet sind, gelten demnach sowohl für die „belebte" als auch für die „unbelebte" Gruppe.

## Mehrzahl

*Um die Mehrzahl (abgekürzt: Mz) eines Hauptwortes zu bilden, ersetzt man die Einzahl-Endung durch die Mehrzahl-Endung bzw. hängt man die Mehrzahl-Endung an.*

Die folgende Darstellung zeigt, wie die Mehrzahl gebildet wird. Sie ist aber eine Vereinfachung und erfasst nicht alle möglichen Ausnahmen:

| Einzahl-Endung | Mehrzahl-Endung |
|---|---|
| männlich (unbelebt) | -y anhängen |
| weiblich auf -a | wird zu -y |
| sächlich auf -o | wird zu -á |
| sächlich auf -e | wird zu -ia |

In den Wörterlisten ist sowohl die Einzahl- als auch die Mehrzahl-Form angegeben, wenn das betreffende Wort von dieser Darstellung abweicht.

| | | | |
|---|---|---|---|
| vlak *(m/u)* | Zug | vlaky | Züge |
| žena *(w)* | Frau | ženy | Frauen |
| mesto *(s)* | Stadt | mestá | Städte |
| pole *(s)* | Feld | polia | Felder |

Beachten Sie die folgenden Ausnahmen:

Hauptwörter, deren Stamm auf ť, ď, ň, ľ, c, č, š, ž, j (oder manchmal auf l) endet, bekommen anstatt -y ein -e oder ein -i als Mehrzahl-Endung, z. B.:

| | | | |
|---|---|---|---|
| **cieľ** *(m)* | Ziel | **ciele** | Ziele |
| **stroj** *(m)* | Maschine | **stroje** | Maschinen |
| **ulica** *(w)* | Straße | **ulice** | Straßen |
| **fľaša** *(w)* | Flasche | **fľaše** | Flaschen |
| **noc** *(w)* | Nacht | **noci** | Nächte |

Bei belebten männlichen Hauptwörtern lautet die Mehrzahl-Endung -i, -ia, manchmal auch -ovia:

| | | | |
|---|---|---|---|
| **muž** *(m/b)* | Mann | **muži** | Männer |
| **študent** *(m/b)* | Student | **študenti** | Studenten |
| **priateľ** *(m/b)* | Freund | **priatelia** | Freunde |
| **učiteľ** *(m/b)* | Lehrer | **učitelia** | Lehrer |
| **syn** *(m/b)* | Sohn | **synovia** | Söhne |

Einige Hauptwörter werden nur in der Mehrzahl verwendet, auch wenn sie sich auf nur ein Stück beziehen; z. B. sagt man immer noviny *(Zeitungen)*, auch wenn man nur über eine Zeitung spricht. Folgende Wörter stehen immer in der Mehrzahl:

| | |
|---|---|
| **dvere** *(w Mz)* | Tür |
| **nohavice** *(w Mz)* | Hose |
| **okuliare** *(m Mz)* | Brille |
| **narodeniny** *(w Mz)* | Geburtstag |
| **Košice** *(w Mz)* | Kaschau *(ostslowak. Stadt)* |
| **Čechy** *(w Mz)* | Böhmen |
| **Vysoké Tatry** *(w Mz)* | Hohe Tatra |

## Artikel

Im Slowakischen gibt es keinen unbestimmten Artikel *(ein, eine)*, und der bestimmte Artikel *(der, die, das)* wird nur selten benutzt. Vlak kann also „Zug",

„ein Zug" oder „der Zug" heißen. Die richtige Über-
setzung hängt vom Zusammenhang des Satzes ab.

*Den bestimmten Artikel*
*gebraucht man nur, wenn*
*ein Hauptwort besonders*
*betont werden soll.*
*Er kommt also viel*
*seltener vor als im*
*Deutschen. Er steht wie*
*bei uns vor dem*
*Hauptwort.*

| | Einzahl | Mehrzahl |
|---|---|---|
| m/b | } **ten** (der) | **tí** (die) |
| m/u | | |
| w | **tá** (die) | } **tie** (die) |
| s | **to** (das) | |

| **ten muž** | **tá žena** | **to dieťa** |
|---|---|---|
| der Mann | die Frau | das Kind |

## Verkleinerungsformen

Im Slowakischen werden Verkleinerungsformen viel
häufiger verwendet als im Deutschen, z. B.:

| **pohár** | Glas | **pohárik** | Gläschen |
|---|---|---|---|
| **stôl** | Tisch | **stolík** | kleiner Tisch |
| **fľaša** | Flasche | **fľaška** | Fläschchen |
| **dedina** | Dorf | **dedinka** | Dörfchen |
| **mesto** | Stadt | **mestečko** | Städtchen |
| **škola** | Schule | **škôlka** | Kindergarten |

## Dieses & Jenes

**M**an bildet das hinweisende Fürwort „die-
se(r, -s)", indem man -to an den bestimmten Artikel
anhängt. Um „jene(r, -s)" zu bilden, stellt man dem
Artikel tam- voran. Das Ergebnis ist dann tento, tam-
ten usw. Auch die hinweisenden Fürwörter stehen
immer vor dem dazugehörigen Hauptwort und
richten sich nach diesem in Zahl und Geschlecht.

# Eigenschaftswörter

| | Einzahl | Mehrzahl |
|---|---|---|
| m/b | tento; tamten | títo; tamtí |
| m/u | | |
| w | táto; tamtá | tieto; tamtie |
| s | toto; tamto | |

| | Einzahl | Mehrzahl |
|---|---|---|
| m/b | taký (solcher) | takí |
| m/u | | |
| w | taká (solche) | také (solche) |
| s | také (solches) | |

**Tam je také múzeum.**
*dort ist so-ein Museum*
Dort gibt es so ein Museum.

*Das hinweisende Fürwort* taký *ist ein wichtiges Wort der Umgangssprache. Es bedeutet „so(lch) ein(e, -s)" oder auch nur „ein". In der letzteren Verwendung kann es einem unbestimmten Artikel nahekommen.*

# Eigenschaftswörter

**D**ie Eigenschaftswörter richten sich in Geschlecht, Zahl und Fall nach dem Hauptwort, auf das sie sich beziehen. Sie stehen immer vor dem betreffenden Hauptwort.

| | Einzahl | Mehrzahl |
|---|---|---|
| m/b | dobr-ý (gut) | dobr-í |
| m/u | | |
| w | dobr-á (gute) | dobr-é (gute) |
| s | dobr-é (gutes) | |

*Hier ist beim Beispiel* dobrý *(gut) die Endung jeweils durch einen Bindestrich abgetrennt. In den Wörterlisten steht immer nur die männliche Form des Eigenschaftswortes.*

**dobrý priateľ** **dobrí ľudia** **dobré auto** **dobré autá**
guter Freund gute Leute gutes Auto gute Autos

Außerdem gibt es eine zweite Gruppe von Eigenschaftswörtern, die die so genannten „weichen" Endungen bekommen.

# Eigenschaftswörter

*Zu dieser Gruppe gehören nur cudzí (fremd), tretí (dritter), čí? (wessen?) sowie auch alle gesteigerten Eigenschaftswörter.*

| | Einzahl | Mehrzahl |
|---|---|---|
| m/b | } **cudz-í** *(fremd)* | **cudz-í** |
| m/u | | |
| w | **cudz-ia** *(fremde)* | } **cudz-ie** *(fremde)* |
| s | **cudz-ie** *(fremdes)* | |

## wichtige Eigenschaftswörter

*Beachten Sie: Eigenschaftswörter haben immer lang auszusprechende Endungen (-ý, -á, -é, -í). Da aber zwei lange Silben nicht direkt aufeinander folgen dürfen, bekommt die Endung eines Eigenschaftswortes einen kurzen Selbstlaut, wenn die letzte Silbe vor der Endung einen langen Selbstlaut oder einen Doppellaut enthält, z. B. krátky, krátka, krátke (kurz).*

| | | | |
|---|---|---|---|
| dobrý | gut | zlý | schlecht |
| veľký | groß | malý | klein |
| krásny – pekný | schön – hübsch | škaredý | hässlich |
| silný | stark | slabý | schwach |
| ťažký | schwer | ľahký | leicht |
| dlhý | lang | krátky | kurz |
| vysoký | hoch | nízky – hlboký | niedrig – tief |
| tvrdý | hart | mäkký | weich |
| rýchly | schnell | pomalý | langsam |
| mokrý | nass | suchý | trocken |
| čistý | sauber | špinavý | schmutzig |
| plný | voll | prázdny | leer |
| zdravý | gesund | chorý | krank |
| nový – mladý | neu – jung | starý | alt |
| šťastný | glücklich | smutný | traurig |
| bohatý | reich | chudobný | arm |
| teplý | warm | chladný | kalt |
| lacný | billig | drahý | teuer |
| zaujímavý | interessant | nudný | langweilig |
| jednoduchý | einfach | zložitý | kompliziert |
| šikovný – milý | klug – nett | hlúpy | blöd |
| svetlý | hell | tmavý | dunkel |
| nežný | zärtlich | zlatý | golden; lieb |
| hotový | fertig | jasný | klar |

### Farben

| | | | |
|---|---|---|---|
| **červený** | rot | **fialový** | violett |
| **zelený** | grün | **ružový** | rosa |
| **modrý** | blau | **pomarančový** | orange |
| **žltý** | gelb | **hnedý** | braun |
| **biely** | weiß | **šedý** | grau |
| **čierny** | schwarz | **pestrý** | bunt |
| **čiernobiely** | schwarzweiß | | |

## Steigern & Vergleichen

Um ein Eigenschaftswort zu steigern, wird für die 1. Steigerungsstufe (Komparativ) die Endung für Geschlecht und Zahl (-ý, -á oder -é) durch -ší oder -ejší ersetzt (-ejší verwendet man nur, wenn die Aussprache ansonsten zu schwierig wäre).

Für die 2. Steigerungsstufe (Superlativ) stellt man dem Komparativ die Vorsilbe naj- voran.

| | | |
|---|---|---|
| **starý** | **starší** | **najstarší** |
| alt | älter | am ältesten |
| **lacný** | **lacnejší** | **najlacnejší** |
| billig | billiger | am billigsten |

Am Beispiel starší (älter) sind die Endungen in der Tabelle wieder durch Bindestriche abgetrennt (der Superlativ najstarší (ältester) erhält die gleichen Endungen):

*Auch das gesteigerte Eigenschaftswort richtet sich in Geschlecht und Zahl nach dem Hauptwort, auf das es sich bezieht.*

| | **Einzahl** | **Mehrzahl** |
|---|---|---|
| *m/b* | star-š-í (älterer) | star-š-í |
| *m/u* | | |
| *w* | star-š-ia (ältere) | star-š-ie (ältere) |
| *s* | star-š-ie (älteres) | |

*Lautet die Endung -ký, -oký oder -eký (auch die entsprechende weibliche oder sächliche Variante), wird diese Endung durch -ší ersetzt.*

| | | |
|---|---|---|
| **krátky** | **kratší** | **najkratší** |
| kurz | kürzer | am kürzesten |
| **vysoký** | **vyšší** | **najvyšší** |
| hoch | höher | am höchsten |

Einige unregelmäßige Steigerungsformen:

| | | |
|---|---|---|
| **dobrý** | **lepší** | **najlepší** |
| gut | besser | am besten |
| **zlý** | **horší** | **najhorší** |
| schlecht | schlechter | am schlechtesten |
| **veľký** | **väčší** *(wätschi)* | **najväčší** |
| groß | größer | am größten |
| **krásny** | **krajší** | **najkrajší** |
| schön | schöner | am schönsten |
| **malý** | **menší** | **najmenší** |
| klein | kleiner | am kleinsten |

## Vergleichen

Zum Vergleichen braucht man das Wort ako *(als):*

**On je väčší ako ja.**      **Ona je mladšia ako ty.**
*er ist größer als ich*      *sie ist jünger als du*
Er ist größer als ich.      Sie ist jünger als du.

Das Wort oveľa bedeutet „viel" oder „um vieles":

**Toto je oveľa lacnejšie.**
*dieses ist um-viel billiger*
Das hier ist viel billiger.

## Persönliche Fürwörter

**D**ie persönlichen Fürwörter werden für den Satz-
gegenstand (Subjekt) nur dann gebraucht, wenn
man die betreffende Person besonders betonen will
(z. B. „*sie* geht, *ich* aber nicht"). Ansonsten benötigt
man sie nicht, denn die Person des Subjekts geht
schon aus der Beugungsendung des Verbs hervor.

|        | **Einzahl**      |         | **Mehrzahl**     |
|--------|------------------|---------|------------------|
| **ja**  | ich              | **my**  | wir              |
| **ty**  | du               | **vy**  | ihr              |
| **on**  | er *(m/b, m/u)*  | **oni** | sie *(m/b)*      |
| **ona** | sie              | **ony** | sie *(w, s, m/u)* |
| **ono** | es               |         |                  |

## Besitzanzeigende Fürwörter

**D**ie besitzanzeigenden Fürwörter (*mein, dein*
usw.) stehen vor dem betreffenden Hauptwort und
richten sich nach diesem in Zahl und Geschlecht.
Die folgende Tabelle führt nur den 1. Fall auf.

|            | **Einzahl** |          |          | **Mehrzahl** |          |
|------------|-------------|----------|----------|--------------|----------|
|            | **m**       | **w**    | **s**    | **w, s, m/u** | **m/b**  |
| mein       | **môj**     | **moja** | **moje** | **moje**     | **moji** |
| dein       | **tvoj**    | **tvoja**| **tvoje**| **tvoje**    | **tvoji**|
| sein       | **jeho**    | **jeho** | **jeho** | **jeho**     | **jeho** |
| ihr *(Ez)* | **jej**     | **jej**  | **jej**  | **jej**      | **jej**  |
| unser      | **náš**     | **naša** | **naše** | **naše**     | **naši** |
| euer       | **váš**     | **vaša** | **vaše** | **vaše**     | **vaši** |
| ihr *(Mz)* | **ich**     | **ich**  | **ich**  | **ich**      | **ich**  |

*jeho (sein, seine ...),
jej (ihr, ihre ...) und
ich (ihre, Mz) sind
unveränderlich.
Natürlich gibt es
weitere Endungen für
die anderen Fälle.
Aber was hier aufgelistet
ist, sollte für den Moment
ausreichen.*

*Im Slowakischen ist die höfliche Anrede die 2. Person Mehrzahl („ihr"); váš (euer) kann also auch „Ihr" bedeuten.*

| | |
|---|---|
| **môj brat** | mein Bruder |
| **moji priatelia** | meine Freunde |
| **tvoja priateľka** | deine Freundin |
| **Vaše meno** | Ihr Name |
| **jeho brat** | sein Bruder |
| **jeho priatelia** | seine Freunde |
| **jej problém** | ihr Problem |
| **jej deti** | ihre Kinder |

*Übrigens: Wenn man über die Eltern (rodičia) spricht, sagt man anstatt „unsere Eltern" oder „eure Eltern" nur „unsere" oder „eure".*

**Naši nesúhlasia.**
*unsere nicht-(sie-)zustimmen*
Unsere Eltern sind nicht einverstanden.

**Vaši nie sú doma?**
*eure nicht (sie-)sind zu-Hause*
Eure Eltern sind nicht zu Hause?

## rückbezügliches besitzanzeigendes Fürwort

*Wenn der Handelnde „ich" ist, dann bedeutet svoj „mein"; wenn der Handelnde „du" ist, dann bedeutet es „dein" usw. Die Bedeutung hängt also immer vom Subjekt des Satzes ab (deswegen heißt es „rückbezüglich").*

Das rückbezügliche besitzanzeigende Fürwort svoj hat die gleichen Endungen wie die anderen besitzanzeigenden Fürwörter. Svoj kann sowohl „sein" als auch „mein, sein, unser" usw. bedeuten. Es richtet sich nur nach dem dazugehörigen Hauptwort in Zahl und Geschlecht, nicht aber nach dem „Besitzer".

| | Einzahl | | | Mehrzahl | |
|---|---|---|---|---|---|
| | **m** | **w** | **s** | **w, s, m/u** | **m/b** |
| mein ... | **svoj** | **svoja** | **svoje** | **svoje** | **svoji** |

*Am besten kann man sich das im Deutschen mit der Übersetzung „der / die / das eigene" verdeutlichen.*

**Nemám svoje okuliare.**
*nicht-(ich-)habe eigene(4) Brillen(4)*
Ich habe meine Brille nicht.

**Majú svoje knihy.**
*(sie-)haben eigene(4) Bücher(4)*
Sie haben ihre Bücher.

## Tätigkeitswörter

**D**ie Grundform eines Verbs (Tätigkeitswortes) besteht aus dem Stamm und der Endung -*ť*. Dieses *ť* wird wie „tj" ausgesprochen. Zur Not kann man das *ť* auch wie ein normales „t" aussprechen. Das ist zwar nicht korrekt, aber man wird verstanden.

### Infinitiv (Grundform)

**mať** *(haben)*   **hovoriť** *(sprechen)*   **písať** *(schreiben)*

### Gegenwart

|       | **mať** (haben) | **písať** (schreiben) | **hovoriť** (sprechen) |
|-------|-----------------|------------------------|--------------------------|
| ich   | **má-m** ich habe | **píš-em** ich schreibe | **hovor-ím** ich spreche |
| du    | **má-š**        | **píš-eš**             | **hovor-íš**             |
| er / sie | **má**       | **píš-e**              | **hovor-í**              |
| wir   | **má-me**       | **píš-eme**            | **hovor-íme**            |
| ihr   | **má-te**       | **píš-ete**            | **hovor-íte**            |
| sie   | **ma-jú**       | **píš-u**              | **hovor-ia**             |

*Es gibt drei Beugungsmuster („a"-, „e"- und „i"-Beugung), nach denen 98 % der Verben gebeugt werden. Die Beugungsendungen sind in der Tabelle durch Bindestriche abgetrennt.*

Achtung: Man kann nicht an der Grundform erkennen, zu welcher Gruppe ein Verb gehört. Denn häufig ist der letzte Selbstlaut in der Grundform nicht der richtige Beugungsselbstlaut, und manchmal gibt es weitere lautliche Unterschiede zwischen der Grundform und der gebeugten Form. Bei jedem Verb muss man sowohl die Grundform als auch die gebeugte Form lernen. Deshalb steht hinter jedem Verb auch die 1. Person Einzahl („ich") in Klammern, an der man den Selbstlaut (a, i oder e) ablesen und die ganze Beugungsgruppe ableiten kann.

**zwei nützliche Faustregeln**

Verben, deren Grundform auf -núť endet, beugen immer auf -nem, -neš usw. (also „e"-Beugung), z. B.:

> **stretnúť** *(treffen)*: **stretnem, stretneš ...**

Verben, deren Grundform auf -ovať endet, beugen immer auf -ujem, -uješ usw. (auch „e"-Beugung), z. B.:

> **telefonovať** *(telefonieren)*: **telefonujem, telefonuješ**

## Duzen & Siezen

*Es ist ganz einfach, Verben von der vertraulichen Form in die höfliche Form und umgekehrt umzuformen.*

Die höfliche Anrede im Slowakischen ist identisch mit der 2. Person Mehrzahl. „Du" heißt ty, „Sie" heißt Vy („ihr"). Die Verb-Endungen lauten immer:

> **...-š**  2. Pers. *Ez.* („du")
>
> **...-te**  2. Pers. *Mz.* („ihr") u. höfl. Anrede („Sie")

## wichtige Verben

|  | Grundform | 1. Pers. Ez („ich") |
|---|---|---|
| anfangen | **začínať** | **začínam** |
| arbeiten | **pracovať** | **pracujem** |
| aufschreiben | **napísať** *(v)* | **napíšem** |
| bringen | **priniesť** *(v)* | **prinesiem** |
| bringen | **doniesť** *(v)* | **donesiem** |
| einkaufen | **nakúpiť** *(v)* | **nakúpim** |
| einladen | **pozývať** | **pozývam** |
| finden | **nájsť** *(v)* | **nájdem** |
| geben | **dať** *(v)* | **dám** |
| gehen, fahren | **ísť** | **idem** |
| gehen, besuchen | **chodiť** | **chodím** |
| helfen | **pomôcť** *(v)* | **pomôžem** |
| hören | **počuť** | **počujem** |
| kaufen | **kúpiť** *(v)* | **kúpim** |
| kennen | **poznať** | **poznám** |
| kommen | **prísť** *(v)* | **prídem** |

*Im Gegensatz zu ísť bedeutet chodiť „regelmäßig gehen".*

| lesen | **čítať** | **čítam** |
|---|---|---|
| machen, tun | **robiť** | **robím** |
| nehmen | **zobrať** *(v)* | **zoberiem** |
| schauen | **pozerať** | **pozerám** |
| schlafen | **spať** | **spím** |
| schreiben | **písať** | **píšem** |
| sehen | **vidieť** | **vidím** |
| sprechen, sagen | **hovoriť** | **hovorím** |
| studieren | **študovať** | **študujem** |
| suchen | **hľadať** | **hľadám** |
| treffen | **stretnúť** *(v)* | **stretnem** |
| trinken | **piť** | **pijem** |
| vergessen | **zabudnúť** *(v)* | **zabudnem** |
| wohnen | **bývať** | **bývam** |

*„(v)" bedeutet*
*„vollendetes" Verb*
*(s. Abschnitt „Aspekte").*

## unregelmäßige Verben

Einige Verben bilden die 3. Person Mehrzahl („sie")
unregelmäßig; die folgenden sind wichtig:

| **povedať** | **vedieť** | **jesť** | **rozumieť** | |
|---|---|---|---|---|
| *(sagen)* | *(wissen)* | *(essen)* | *(verstehen)* | |
| **poviem** | **viem** | **jem** | **rozumiem** | *ich* |
| **povieš** | **vieš** | **ješ** | **rozumieš** | *du* |
| **povie** | **vie** | **je** | **rozumie** | *er/sie (Ez)* |
| **povieme** | **vieme** | **jeme** | **rozumieme** | *wir* |
| **poviete** | **viete** | **jete** | **rozumiete** | *ihr* |
| **povedia** | **vedia** | **jedia** | **rozumejú** | *sie (Mz)* |

## byť (sein)

| **byť** | sein | | |
|---|---|---|---|
| **som** | ich bin | **sme** | wir sind |
| **si** | du bist | **ste** | ihr seid |
| **je** | er / sie / es ist | **sú** | sie sind |

Wenn im Slowakischen ein Eigenschaftswort als Er-
gänzung einer Satzaussage (Prädikat) mit dem Verb

*byť (sein)* dient, wie in den nächsten Beispielen, dann richtet es sich, anders als im Deutschen, in Zahl und Geschlecht nach dem Subjekt.

**Som hladný.**
*(ich-)bin hungrig(m)*
Ich bin hungrig.
*(sagt ein Mann!)*

**Som hladná.**
*(ich-)bin hungrig(w)*
Ich bin hungrig.
*(sagt eine Frau!)*

**Je pekný.**
*(er-)ist hübsch(m)*
Er ist hübsch.

**Je pekná.**
*(sie-)ist hübsch(w)*
Sie ist hübsch.

**Sme unavení.**
*(wir-)sind müde(Mz)*
Wir sind müde.

**To je pekné!**
*das (es-)ist schön(s)*
Das ist schön!

## Modalverben (wollen, können, dürfen ...)

| | chcieť (wollen) | môcť (können) | smieť (dürfen) | musieť (müssen) |
|---|---|---|---|---|
| *ich* | chcem | môžem | smiem | musím |
| *du* | chceš | môžeš | smieš | musíš |
| *er/sie (Ez)* | chce | môže | smie | musí |
| *wir* | chceme | môžeme | smieme | musíme |
| *ihr* | chcete | môžete | smiete | musíte |
| *sie (Mz)* | chcú | môžu | smú | musia |

*Modalverben kombiniert man wie im Deutschen mit anderen Verben, dabei wird nur das Modalverb gebeugt.*

*Außerdem gibt es den unpersönlichen Modalausdruck treba (s. den Abschnitt weiter unten).*

Das Verb mať *(haben, besitzen)* bedeutet auch „sollen"; mať beugt man regelmäßig nach der „a"-Beugung (s. Abschnitt „Gegenwart"). Das unregelmäßige Verb vedieť *(wissen)* bedeutet auch „können" in der Bedeutung „fähig sein, eine Fähigkeit haben" (s. Abschnitt „unregelmäßige Verben").

**Čo mám robiť?**
*was (ich-)habe machen*
Was soll ich machen?

**Viem plávať.**
*(ich-)weiß schwimmen*
Ich kann schwimmen.

## Aspekte

Der **unvollendete Aspekt** bezeichnet eine Handlung, die zur Zeit noch im Gang ist oder war, oder eine Handlung die sich regelmäßig oder häufig wiederholt. Der **vollendete Aspekt** bezeichnet eine einmalige Handlung, die abgeschlossen ist.

Zum Beispiel bedeutet das unvollendete Verb ku-povať (kupujem) „kaufen" im Sinne von „dabei sein zu kaufen, Geld in der Hand haben und mit dem Verkäufer reden" oder „regelmäßig, oft kaufen". Die Betonung liegt auf dem Vorgang des Kaufens. Beim entsprechenden vollendeten Verb kúpiť (kúpim) liegt die Betonung auf der Abgeschlossenheit der Handlung „kaufen", also „etwas gekauft, bezahlt haben und dann weggehen". Von der Form her sind diese zwei völlig verschiedene Verben: kúpiť gehört zur „i"-Beugungsgruppe, und kupovať zur „e"-Beugungsgruppe, obwohl beide „kaufen" bedeuten und häufig identisch übersetzt werden.

Verben mit den Vorsilben u-, po-, pre-, pri-, od-, do-usw. sind meistens vollendet und von einem unvollendeten Verb abgeleitet, z. B.: ísť / prísť, robiť / urobiť, platiť / zaplatiť. Verben, die auf -ovať enden, sind in der Regel unvollendet, Verben auf -núť sind dagegen fast immer vollendet. Übrigens: Man wird auch mit der falschen Aspektform verstanden!

Für eine Handlung in der **Gegenwart** verwendet man immer die unvollendete Variante des Verbs, was ja nur logisch ist: Eine Handlung, die gerade erst abläuft, ist immer unvollendet.

**unvollendet / vollendet**

*Der „Aspekt" (oder „Betrachtungsweise") ist eine grammatische Erscheinung in slawischen Sprachen, die es im Deutschen nicht gibt. Für die meisten Verben gibt es im Slowakischen jeweils zwei Varianten: eine „vollendete" und „unvollendete" Variante.*

**die Aspekte in der Gegenwart & Zukunft**

| | |
|---|---|
| **Kupujem ti zmrzlinu.** | Ich kaufe dir (gerade!) |
| *(ich-)kaufe dir(3) Eis(4)* | Eis. |
| **Vždy kupujem príliš veľa zmrzliny.** | Ich kaufe immer zu viel Eis. |
| *immer (ich-)kaufe zu viel Eis(2)* | |

*In den Wörterlisten steht meistens nur das Verb im unvollendeten Aspekt, da man mit diesem am besten zurechtkommt. Verben im vollendeten Aspekt sind immer mit „(v)" gekennzeichnet. Alle anderen Verben sind unvollendet.*

Verben im vollendeten Aspekt haben zwar auch eine Gegenwartsform, jedoch hat diese dann immer eine **zukünftige Bedeutung.** Ein vollendetes Verb ist also ein Ersatz für die Zukunftsform. Man verwendet diese, um eine feste Absicht, ein Angebot oder ein Resultat zu bezeichnen, z. B.:

**Kúpim ti zmrzlinu.**
*(ich-)kaufe(v) dir(3) Eis(4)*
Ich kaufe dir Eis. (= „Möchtest du, dass ich ... ?
Ich gehe gleich zum Laden.")

Das bedeutet, dass man die echte Zukunftsform nur von unvollendeten Verben bilden kann.

**die Aspekte in der Vergangenheit**

In der **Vergangenheit** kann man beide Varianten benutzen, je nach Sinnzusammenhang:

**Kupoval som tam zmrzlinu.**
*gekauft(m) (ich-)bin dort Eis(4)*
Ich habe dort Eis gekauft.
(= „ ... als ich das Portemonnaie fallen ließ.")

**Predtým som tam kupoval zmrzlinu.**
*früher (ich-)bin dort gekauft(m) Eis(4)*
Früher habe ich dort (immer!) Eis gekauft.
(= „ ... aber jetzt ist der Laden geschlossen.")

**Kúpil som tam zmrzlinu.**
*gekauft(m,v) (ich-)bin dort Eis(4)*
Ich habe dort Eis gekauft. (*abgeschlossene Handlung;* „ ... und jetzt gebe ich es dir.")

**die Aspekte nach Modalverben**

Nach Modalverben einschließlich des unpersönlichen Ausdrucks treba *(man muss)* kann man kaum definieren, wann die vollendete und wann die unvollendete Variante zu verwenden ist. Manchmal hängt das vom Sinnzusammenhang ab, aber manchmal ist es nur eine Frage des Stils.

**Tätigkeitswörter**

## Partizip II (Mittelwort der Vergangenheit)

Um die Vergangenheit zu bilden, braucht man
zunächst eine andere Form des Verbs, und zwar das
Partizip II, das von der Grundform abgeleitet wird.
Die gebeugte Form und die jeweilige Beugungs-
gruppe spielen hier keine Rolle. Die Endung -ť der
Grundform wird dabei durch ein -l ersetzt:

| | | | |
|---|---|---|---|
| **mať** | haben (besitzen) | **mal** | gehabt |
| **písať** | schreiben | **písal** | geschrieben |
| **hovoriť** | spechen | **hovoril** | gesprochen |

| | |
|---|---|
| **-ieť** *wird zu* **-el** | |
| **vedieť** *(wissen)* | > **vedel** *(gewusst)* |
| **-núť** *wird zu* **-ol** | |
| **stretnúť** *(treffen)* | > **stretol** *(getroffen)* |
| **-sť** *wird zu* **-šiel / -sol / -dol** | |
| **priniesť** *(bringen)* | > **priniesol** *(gebracht)* |
| **prísť** *(kommen)* | > **prišiel** *(gekommen)* |
| **jesť** *(essen)* | > **jedol** *(gegessen)* |
| **-cť** *wird zu* **-kol** | |
| **obliecť sa** *(sich anziehen)* | > **obliekol sa** *(angezogen)* |

*Bei manchen Verben
gibt es auch weitere
kleine Veränderungen,
je nachdem, wie die
jeweilige Grundform
endet.*

Das so gebildete Partizip II bekommt noch eine wei-
tere Endung, die sich nach dem Geschlecht und der
Zahl des Subjekts des Satzes richtet. Das Partizip
verhält sich also ähnlich einem Eigenschaftswort.

| | **mať** *(haben)* | **byť** *(sein)* | **môcť** *(können)* | **ísť** *(gehen)* | **nájsť** *(finden)* |
|---|---|---|---|---|---|
| *m* | **mal** | **bol** | **mohol** | **išiel** | **našiel** |
| *w* | **mal-a** | **bol-a** | **mohl-a** | **išl-a** | **našl-a** |
| *s* | **mal-o** | **bol-o** | **mohl-o** | **išl-o** | **našl-o** |
| *Mz* | **mal-i** | **bol-i** | **mohl-i** | **išl-i** | **našl-i** |

*In dieser Tabelle zeigt* mať
*das Muster für die regel-
mäßigen Verben.
Die anderen hier auf-
geführten Partizipien sind
unregelmäßig gebildet.*

## Vergangenheit

*Übrigens:*
*Die Vergangenheit wird*
*immer nur mit*
*byť (sein) gebildet, nie-*
*mals mit mať (haben, be-*
*sitzen). Die Vergangen-*
*heitsform kann man im*
*Deutschen entweder mit*
*der einfachen Vergangen-*
*heit (z. B. „ich war") oder*
*mit der vollendeten*
*Gegenwart (z. B.*
*„ich bin gewesen")*
*übersetzen.*

Für die Vergangenheit braucht man das Partizip II und zusätzlich das Hilfsverb byť *(sein),* das man dem Partizip nachstellt. Nur bei der 3. Person Ein- und Mehrzahl („er / sie / es; sie") entfällt das Hilfsverb.

Das Partizip II richtet sich in Zahl und Geschlecht nach der handelnden Person: Spricht z. B. eine Frau von sich („ich"), oder wird eine Frau angesprochen („du"), bzw. spricht man von einer Frau („sie"), verwendet man die weibliche Form des Partizips. In der Wort-für-Wort-Übersetzung ist das Partizip dann mit „*w*" gekennzeichnet. Sind die handelnden Personen in der Mehrzahl („wir, ihr"), braucht man das Partizip in der Mehrzahl (mit „*Mz*" gekennzeichnet). Hier die Vergangenheit für byť *(sein)* und mať *(haben, besitzen)*:

| ich | **bol / bola som** | **mal / mala som** |
|---|---|---|
| *(m/w)* | *gewesen(m/w) (ich-)bin* | *gehabt(m/w) (ich-)bin* |
| du *(m/w)* | **bol / bola si** | **mal / mala si** |
| er/sie/es | **bol / bola / bolo** | **mal / mala / malo** |
| wir | **boli sme** | **mali sme** |
| ihr | **boli ste** | **mali ste** |
| sie *(Mz)* | **boli** | **mali** |

**Bol som tam.**
*gewesen(m) (ich-)bin dort*
Ich war dort. *(sagt Mann)*

**Bola som tam.**
*gewesen(w) (ich-)bin dort*
Ich war dort. *(sagt Frau)*

**Chcela ísť.**
*gewollt(w) gehen*
Sie wollte gehen.

**Stretli sme ho tam.**
*getroffen(Mz) (wir-)sind ihn(4) dort*
Wir haben ihn dort getroffen.

Zur Wortreihenfolge in der Vergangenheit erfährt man mehr im Abschnitt „Wortstellung".

## Möglichkeitsform

Die Möglichkeitsform kann man von unvollendeten und vollendeten Verben bilden, indem man sie aus der Vergangenheitsform ableitet: Dazu kombiniert man die Vergangenheitsform mit dem unveränderlichen Wort by (in der Wort-für-Wort-Übersetzung mit „*MÖGL.*" gekennzeichnet).

| | |
|---|---|
| **bol / bola by som** | ich *(m/w)* wäre |
| **bol / bola by si** | du *(m/w)* wärest |
| **bol / bola / bolo by** | er / sie / es wäre |
| **boli by sme** | wir wären |
| **boli by ste** | ihr wäret |
| **boli by** | sie wären |

| | |
|---|---|
| **Mohla by prísť.** | Sie könnte kommen. |
| *gekonnt(w) MÖGL. kommen* | |
| **My by sme išli.** | Wir würden gehen. |
| *wir MÖGL. (wir-)sind gegangen(Mz)* | |
| **Bol by som šťastný.** | Ich wäre glücklich. *(Mann!)* |
| *gewesen(m) MÖGL. bin glücklich* | |
| **Bola by som šťastná.** | Ich wäre glücklich. *(Frau!)* |
| *gewesen(w) MÖGL. bin glücklich(w)* | |

Um Bedingungssätze mit der Möglichkeitsform zu bilden, verwendet man keby *(wenn)*. By ist dann schon in keby enthalten.

**Tomáš by išiel, keby mohol.**
*Tomáš MÖGL. gegangen(m) wenn-MÖGL. gekonnt(m)*
Tomáš würde gehen, wenn er könnte.

**Pomohli by sme, keby sme mohli.**
*geholfen(Mz,v) MÖGL. (wir-)sind wenn-MÖGL.*
*(wir-)sind gekonnt(Mz)*
Wir würden helfen, wenn wir könnten.

## Zukunft

*Um die Zukunftsform von unvollendeten Verben zu bilden, braucht man die Zukunftsform von* byť *(sein). Dann stellt man das gebeugte* byť *(sein) dem betreffenden Verb in seiner Grundform voran.*

| | | | |
|---|---|---|---|
| **budem** | ich werde sein | **budeme** | wir werden sein |
| **budeš** | du wirst sein | **budete** | ihr werdet sein |
| **bude** | er / sie wird sein | **budú** | sie werden sein |

**Budeme hrať tenis.**
*(wir-)werden spielen Tennis(4)*
Wir werden Tennis spielen.

**Zajtra budú doma.**
*morgen (sie-)werden zu-Hause*
Morgen werden sie zu Hause sein.

Diese Konstruktion mit byť *(sein)* kann man nicht mit vollendeten Verben verwenden. Für vollendete Verben braucht man keine besondere Zukunftsform, denn die Gegenwartsform vollendeter Verben gilt schon als Zukunft (s. Abschnitt „Aspekte").

*Das unvollendete Verb* ísť (idem) *(gehen) bildet die Zukunft unregelmäßig.*

| | | | |
|---|---|---|---|
| **pôjdem** | ich werde gehen | **pôjdeme** | wir ... |
| **pôjdeš** | du wirst gehen | **pôjdete** | ihr ... |
| **pôjde** | er / sie wird gehen | **pôjdu** | sie *(Mz)* ... |

## das unpersönliche „treba"

Den unpersönlichen Ausdruck treba (etwa: „man muss" oder „es ist notwendig") gibt es nur in dieser unveränderlichen Form. Das Vollverb steht danach in der Grundform; es kann unvollendet oder vollendet sein. Eine Regel gibt es dafür nicht.

**Treba prestúpiť.**
*man-muss umsteigen(v)*
Man muss (Sie / Wir müssen) umsteigen.

| | |
|---|---|
| Die Vergangenheit von treba lautet: | **bolo treba** |
| Die Zukunft von treba lautet: | **bude treba** |

## Umstandswörter

Umstandswörter (Adverbien) werden von Eigenschaftswörtern abgeleitet, indem die Endungen -ý, -á oder -é durch ein -o oder -e ersetzt werden.

| | | | |
|---|---|---|---|
| **určite** | bestimmt | **blízko** | nah, in der Nähe |
| **hotovo** | fertig | **zle** | schlecht |
| **skoro** | früh | **rýchlo** | schnell |
| **presne** | genau | **pekne** | schön |
| **dobre** | gut | **neskoro** | spät |
| **jasne** | klar | **stále** | ständig |
| **dlho** | lange | **ďaleko** | weit |

*Besonders bei den Umstandswörtern sollte man sich an die Regel erinnern: Ein kurzes nachfolgendes -e macht* t, d, n *oder* l *„weich" (s. „Aussprache").*

**Všetko vyzerá dobre.**
*alles (es-)aussieht gut(Umst.)*
Alles sieht gut aus.

**Dlho sme tam boli.**
*lange(Umst.) (wir-)sind dort gewesen(Mz)*
Wir waren lange dort.

Manche Umstandswörter enden auf -icky oder -sky. Diese sind meistens von einem entsprechenden Eigenschaftswort abgeleitet, das auf -ický, -ická, -ické bzw. -ský, -ská, -ské endet:

| | |
|---|---|
| **telefonicky** | telefonisch |
| **letecky** | mit Luftpost |
| **slovensky** | slowakisch, auf Slowakisch |

Um ein Umstandswort zu steigern, geht man vom gesteigerten Eigenschaftswort aus und tauscht dessen Endung durch -šie aus:

| **Eigenschaftswort** | | **Umstandswort** | |
|---|---|---|---|
| **bližší** | näherer | **bližšie** | näher |
| **krajší** | kürzerer | **krajšie** | kürzer |
| **najlepší** | bester | **najlepšie** | am besten |

Die Umstandswörter skoro *(früh)* und neskoro *(spät)* werden unregelmäßig gesteigert. Skôr bedeutet „früher" im zeitlichen Sinne sowie auch „eher" im Sinne von „lieber" oder „besser".

| | | | |
|---|---|---|---|
| **skoro** | früh | **skôr** | früher, eher |
| **neskoro** | spät | **neskôr** | später |

**weitere nützliche Umstandswörter**

| | | | |
|---|---|---|---|
| **tiež** | auch | **vraj** | angeblich |
| **iba, len** | nur | **práve** | eben, gerade |
| **dosť** | genug | **ako?** | wie? |
| **celkom** | ziemlich | **tak, takto** | so |
| **zriedka** | selten | **nejako** | irgendwie |
| **pomaly** | langsam | **nijako** | keineswegs |
| **spolu** | zusammen | **inak** | sonst, anders |
| **možno** | vielleicht | **ináč** | ansonsten, anders |
| **asi** | etwa | **nejak inak** | irgendwie anders |

## Wem? oder Wen?

Im Slowakischen unterscheidet man wie im Deutschen zwischen „mir / mich" oder „dir / dich" (also 3. / 4. Fall) usw. Allerdings gibt es in der Einzahl jeweils zwei Erscheinungsformen dieser Wörter.

*Die Formen nach dem Schrägstrich sind spezielle Formen für die Kombination mit Verhältniswörtern.*

| | **komu?** *(wem?)* | | **koho?** *(wen?)* | |
|---|---|---|---|---|
| | lang | kurz | lang | kurz |
| mir | **mne** | **mi** | mich | **mňa** | **ma** |
| dir | **tebe** | **ti** | dich | **teba** | **ťa** |
| ihm | **jemu / nemu** | **mu** | ihn, es | **jeho / neho** | **ho** |
| ihr | **jej / nej** | **jej** | sie *(Ez)* | **ju / ňu** | **ju** |
| uns | **nám** | | uns | **nás** | |
| euch | **vám** | | euch | **vás** | |
| ihnen | **im / nim** | | sie *(Mz)* | **ich / nich** | |

Die „kurze" Form steht immer dann, wenn das Fürwort keine besondere Betonung bekommt (deswegen heißt sie auch „unbetonte Form"); sie steht dann nach der Satzaussage (Prädikat).

*In der Wort-für-Wort-Übersetzung ist der 3. Fall mit „(3)", der 4. Fall mit „(4)" gekennzeichnet. Die unbetonten Fürwörter haben eine besondere Stellung im Satz.*

**Páči sa mi.**
*(es-)gefällt sich mir(3)*
Es gefällt mir.

**Milujem ťa.**
*(ich-)liebe dich(4)*
Ich liebe dich.

**Videl / Videla som ho.**
*gesehen(m/w) (ich-)bin ihn(4)*
Ich habe ihn gesehen.

Die „lange" Form wird dann verwendet, wenn die betreffende Person besonders betont wird; sie steht dann am Satzanfang (vor der Satzaussage). Im Deutschen wird diese Betonung nur durch die Wortstellung ausgedrückt.

**Teba milujem!**
*dich(4) (ich-)liebe*
Dich(!) liebe ich!

**Jeho som videl / videla!**
*ihn(4) (ich-)bin gesehen(m/w)*
Ihn(!) habe ich gesehen!

*Die „lange" Form wird auch dann verwendet, wenn das Wort allein steht, z. B. als Antwort auf eine Frage.*

**Mne sa páči.**
*mir(3) sich (es-)gefällt*
Mir gefällt es! *(dir nicht?)*

**Koho hľadáš?    Teba.**
*wen(4) (du-)suchst  dich(4)*
Wen suchst du?    Dich.

In der Mehrzahl gibt es nur eine Form, die beide Funktionen erfüllt:

**Tomáš to dal vám.**
*Tomáš das(4) gegeben(m) euch(3)*
Tomáš hat das euch gegeben.

**Vám to dal.**
*euch(3) das(4) gegeben(m)*
Euch hat er das gegeben. *(nicht mir)*

Zusammen mit Verhältniswörtern steht immer die lange Form. Wenn in der obigen Tabelle jedoch eine weitere Form nach dem Schrägstrich angegeben ist, wird diese verwendet.

**Príšli ku mne.**
*gekommen(Mz) zu mir(3)*
Sie sind zu mir gekommen.

**Toto je pre neho.**
*dieses (es-)ist für ihn(4)*
Das hier ist für ihn.

## Rückbezügliche Fürwörter

**I**n der slowakischen Sprache gibt es ein rückbezüg-liches (reflexives) Fürwort, das anders als im Deut-schen für alle Personen gleich bleibt. Im 4. Fall (Ak-kusativ) lautet seine Form sa, im 3. Fall (Dativ) si. Diese Formen lassen sich also mit „sich, mich" bzw. „mir, dich" bzw. „dir, uns, euch" übersetzen.

*Wenn ein deutsches Verb ein rückbezügliches Fürwort verlangt, kann man im Allgemeinen annehmen, dass auch das entsprechende slowakische Verb eines verlangt.*

**Umyjem si ruky.**
*(ich-)wasche sich(3) Hände(4)*
Ich wasche mir die Hände.

**Umyje si ruky.**
*(er-)wäscht sich(3) Hände(4)*
Er wäscht sich die Hände.

**Uvidíme sa.**
*(wir-)sehen(v) sich(4)*
Wir sehen uns.

**Stretnú sa v meste.**
*(sie-)treffen(v) sich(4) in Stadt(6)*
Sie treffen sich in der Stadt.

| | |
|---|---|
| **cítiť sa (cítim sa)** | sich fühlen |
| **ponáhľať sa (ponáhľam sa)** | sich beeilen |
| **rozlúčiť sa (rozlúčim sa)** *(v)* | sich verabschieden |
| **rozčúliť sa (rozčúlim sa)** *(v)* | sich aufregen |
| **zaľúbiť sa (zaľúbim sa)** *(v)* | sich verlieben |

Im Slowakischen werden die rückbezüglichen Fürwörter viel häufiger gebraucht als im Deutschen, z. B. bei den folgenden Verben:

| | |
|---|---|
| **páčiť sa (páči sa)** | gefallen (es gefällt) |
| **dať (dám) sa** (*v*) | möglich sein |
| **učiť (ucím) sa** | lernen |
| **pozrieť sa** (*v*) **(pozriem sa)** | schauen, sehen |
| **dať (dám) si** | mögen (ich möchte) |
| **nechce sa** | man hat keine Lust |

**To sa mi páči.**
*das sich(4) mir(3) (es-)gefällt*
Das gefällt mir.

**Pozri sa!**
*schau(!,v) sich(4)*
Schau mal!

**Dám si čaj.**
*(ich-)gebe sich(3) Tee(4)*
Ich möchte Tee.

**To sa nedá.**
*das sich(4) nicht-(es-)gibt(v)*
Das ist nicht möglich.

**Musím sa učiť.**
*(ich-)muss sich(4) unterrichten*
Ich muss lernen.

**Nechce sa mi ísť.**
*nicht-(es-)will sich(4) mir(3) gehen*
Ich habe keine Lust zu gehen.

Der Ausdruck nechce sa ist immer unpersönlich (also unveränderlich) und wird nicht gebeugt.

Übrigens wird sa *(sich)* auch dann benutzt, wo man im Deutschen das Wort „man" sagen würde:

**To sa nemôže.**
*das sich(4) nicht-(es-)kann*
Das kann man nicht machen.

## Bindewörter

**D**ie Bindewörter (Konjunktionen) werden in der Regel wie im Deutschen verwendet.

| | | | |
|---|---|---|---|
| **a** | und | **preto** | deswegen |
| **alebo** | oder | **hoci** | obwohl |
| **ale** | aber | **kým** | bis *(zeitl.)* |
| **pretože** | denn | **až** | bis *(zeitl. / räuml.)* |
| **lebo** | denn | **nech** | damit, um zu |
| **tak, takže** | also | **keď** | wenn, als *(zeitl.)* |
| **že** | dass | **ak** | wenn, falls |
| **čo** | was | **keby** | wenn |
| **potom ako** | nachdem | **aby** | damit, um zu |
| **predtým ako** | bevor | **ktorý** | welche(r, -s) |

*keby und aby verlangen die Möglichkeitsform.*

**Povedali, že prídu.**
*gesagt(Mz,v) dass (sie-)kommen*
Sie haben gesagt, dass sie kommen.

**Nevedel / Nevedela som, že študuješ nemčinu.**
*nicht-gewusst(m/w) (ich-)bin dass (du-)studierst Deutsch(4)*
Ich habe nicht gewusst, dass du Deutsch studierst.

**Myslím, že áno.**    **Myslím, že nie.**    **Dúfam, že ...**
*denke dass ja*    *denke dass nein*    *hoffe dass*
Ich glaube schon.   Ich glaube nicht.   Hoffentlich ...

Normalerweise bedeutet **čo** „was". Aber es hat eine zweite Funktion, und zwar als bezügliches Fürwort (Relativpronomen). In dieser Funktion bleibt es immer unverändert, z. B.:

**Poznám tú ženu, čo tu býva.**
*(ich-)kenne die Frau(4) was hier (sie-)wohnt*
Ich kenne die Frau, die hier wohnt.

Es gibt auch ein weiteres bezügliches Fürwort, näm-lich ktorý, das aber gegenüber čo *(was)* den Nachteil hat, nach Fall, Zahl und Geschlecht gebeugt werden zu müssen. Nech *(damit)* benutzt man in Nebensät-zen, in denen man im Deutschen das Wort „sollen" verwenden würde.

**Povedz mu, nech mi zavolá.**
*sag(!,v) ihm(3) damit mir(3) (er-)anruft(v)*
Sag ihm, er soll mich anrufen.

**Povedala, nech prídeme.**
*gesagt(w,v) damit (wir-)kommen(v)*
Sie hat gesagt, wir sollen kommen.

# Verneinung

**U**m Verben zu verneinen, stellt man die Silbe ne-*(nicht;* sprich: „*nje*") direkt vor das jeweilige Verb.

| | | | |
|---|---|---|---|
| **viem** | ich weiß | **neviem** | … nicht |
| **prídem** *(v)* | ich komme | **neprídem** *(v)* | … nicht |

**Nemôžeme prísť.**
*nicht-(wir-)können kommen(v)*
Wir können nicht kommen.

**Neboli sme tam.**
*nicht-gewesen(Mz) (wir-)sind dort*
Wir waren nicht dort.

**Zajtra nebudeme doma.**
*morgen nicht-(wir-)werden-sein zu-Hause*
Morgen sind wir nicht zu Hause.

*Bei der Vergangenheits- und Möglichkeitsform wird* ne- *direkt vor das jeweilige Partizip gesetzt.*

| | |
|---|---|
| **Videl / Videla som ho.** | Ich habe ihn gesehen. |
| *gesehen(m/w) (ich-)bin ihn(4)* | |
| **Nevidel / Nevidela som ho.** | Ich habe ihn nicht |
| *nicht-gesehen(m/w) (ich-)bin ihn(4)* | gesehen. |
| **boli by sme** | wir wären |
| *gewesen(Mz) MÖGL. (wir-)sind* | |
| **neboli by sme** | wir wären nicht |
| *nicht-gewesen(Mz) MÖGL. (wir-)sind* | |

Wenn **byť** *(sein)* selbständig in der Gegenwart steht (also nicht die Funktion eines Hilfsverbs bei der Zeitenbildung hat), dann wird die Verneinung durch vorangestelltes **nie** *(nein, nicht)* gebildet.

| | | |
|---|---|---|
| **ja nie som** | *ich nicht (ich-)bin* | ich bin nicht |
| **ty nie si** | *du nicht (du-)bist* | du bist nicht |

## niemand, nichts usw.

| | | | |
|---|---|---|---|
| **nik, nikto** | niemand | **žiaden** *(m)* | keiner |
| **nič** | nichts | **žiadny** *(m)* | keiner |
| **nikdy** | niemals | **žiadna** *(w)* | keine |
| **nikde** | nirgendwo | **žiadne** *(s)* | keines |
| **nikam** | nirgendwohin | **nie** | nein / nicht |

Im Gegensatz zum Deutschen muss bei den besonderen Verneinungen zusätzlich das Verb (bzw. die Satzaussage) verneint werden:

**Nikto nie je doma.**
*niemand nicht (er-)ist zu-Hause*
Niemand ist zu Hause.

**Ja som nič nerobil / nerobila.**
*ich (ich-)bin nichts nicht-gemacht(m/w)*
Ich habe nichts gemacht.

# Fragen

**M**an unterscheidet wie im Deutschen zwischen Entscheidungs- und Ergänzungsfragen.

## Entscheidungsfragen

Entscheidungsfragen sind Fragen, auf die man nur mit „ja" oder „nein" antworten kann. Das Verb steht immer am Satzanfang. Die Satzstellung ist dieselbe wie im normalen Aussagesatz.

*Der Satz wird durch das Anheben der Stimme am Satzende zur Frage.*

**Musíme tu čakať?**
*(wir-)müssen hier warten*
Müssen wir hier warten?

**Býva tu Tomáš?**
*(er-)wohnt hier Tomáš*
Wohnt Tomáš hier?

**Videl / Videla ho?**
*gesehen(m/w) ihn(4)*
Hat er / sie ihn gesehen?

## Ergänzungsfragen

Ergänzungsfragen werden mit Fragewörtern gebildet. Man antwortet mit einem vollständigen Satz.

| | | | |
|---|---|---|---|
| **kto?** | wer? | **prečo?** | warum? |
| **koho?** | wen? | **koľko?** | wie viel / lange? |
| **komu?** | wem? | **kde?** | wo? |
| **s kým?** | mit wem? | **kam?** | wohin? |
| **ktorý?** | welcher? | **odkiaľ?** | woher? |
| **aký?** | was für ein? | **kade?** | in welche |
| **ako?** | wie? | | Richtung? |
| **čo?** | was?, warum? | **kedy?** | wann? |
| **čože?** | wie bitte? | **o koľkej?** | um wie viel Uhr? |
| *was-denn* | | *um wievielter(6)* | |

*Die Fragewörter stehen wie im Deutschen am Satzanfang.*

**Kde bývaš?**
*wo (du-)wohnst*
Wo wohnst du?

**Kto je to?**
*wer (er-)ist das*
Wer ist das?

**Kedy pôjdeme?**
*wann (wir-)gehen*
Wann gehen wir?

**Čo si robil / robila?**
*was (du-)bist gemacht(m/w)*
Was hast du gemacht?

**Čo tu robíš?**
*was hier (du-)machst*
Was machst du da?

**Koľko to stojí?**
*wie-viel das (es-)kostet*
Wie viel kostet das?

## Fragen mit der Verneinungsform

*Wenn man um etwas bittet, eine bestimmte Information haben möchte oder etwas anbietet, ist es üblich, mit einer verneinten Frage zu fragen.*

**Nemáš cigaretu?**
*nicht-(du-)hast Zigarette(4)*
Hast du vielleicht eine Zigarette?

**Nechceš kávu?**
*nicht-(du-)willst Kaffee(4)*
Möchtest du vielleicht einen Kaffee?

# Auffordern & Befehlen

**D**ie Befehlsform ist ziemlich kompliziert. Es hat deshalb mehr Sinn, eine Liste der wichtigsten Befehlsformen zu lernen, als sich die Regeln einzuprägen.

| | |
|---|---|
| **Počkaj!** | Warte mal! |
| **Poď sem!** (sprich „*pocem*") Komm her! | |
| *geh(!) hierher* | |
| **Poďme!** | Gehen wir! |

| | |
|---|---|
| **Sadni si!** | Setz dich! |
| *setz(!) sich* | |
| **Prestaň!** | Hör auf! |
| **Príď!** | Komm mal vorbei! |
| **Zavolaj!** | Ruf mal an! |
| **Pozri sa!** | Guck mal! |
| **Jedz!** | Iss! |
| **Pi!** | Trink! |
| **Dopi!** | Trink aus! |
| **Daj si!** | Nimm dir etwas! |
| *gib(!) sich* | |

*In der Wort-für-Wort-Übersetzung ist die Befehlsform durch ein Ausrufezeichen in Klammern gekennzeichnet.*

Alle oben genannten Verben stehen im vollendeten Aspekt, außer Jedz! und Pi!

Um die Mehrzahl und die höfliche Form dieser Ausdrücke zu bilden, hängt man die Endung -te (sprich: „-tje") an die Befehlsform Einzahl:

| | |
|---|---|
| **Počkajte!** | Wartet! / Warten Sie mal! |
| **Poďte sem!** | Kommt her! / Kommen Sie her! |
| *geht(!) hierher* | |
| **Sadnite si!** | Nehmen Sie Platz! |
| *setzt(!) sich* | |

Die Befehlsform kann man umgehen, indem man die Aufforderung als Frage formuliert. Das ist außerdem höflicher.

**Podáš mi soľ?**
*(du-)gibst(v) mir(3) Salz(4)*
Kannst du mir das Salz reichen?

**Požičiaš mi tvoje pero?**
*(du-)leihst(v) mir(3) deinen(4) Kuli(4)*
Kannst du mir deinen Kugelschreiber leihen?

## Die sieben Fälle

*Gebeugte Wörter sind mit den Zahlen von „2" (= 2. Fall) bis „7" (= 7. Fall) gekennzeichnet. Nicht gekennzeichnete Wörter stehen im 1. Fall (Nominativ), also in der Grundform der Hauptwörter.*

**D**ies ist vielleicht der schwierigste Teil der slowakischen Grammatik. Es gibt nämlich sieben Fälle (das Deutsche hat nur vier). Das Endungssystem für diese Fälle sieht zunächst komplizierter aus, als es in Wirklichkeit ist: Auch wenn es bei den Hauptwörtern neun verschiedene Beugungsmuster gibt, wird man bei genauerer Betrachtung feststellen, dass viele Endungen übereinstimmen. Eigenschaftswörter und Fürwörter werden ebenfalls gebeugt; die Endungen stimmen jedoch nicht immer mit denen der Hauptwörter überein.

**1. Fall (Nominativ)** Der **1. Fall** ist die „normale" Form. Alle Hauptwörter in den Wörterlisten stehen im 1. Fall.

**2. Fall (Genitiv)** Den **2. Fall** braucht man nach bestimmten Verhältniswörtern und um Besitzverhältnisse auszudrücken (z. B. „die Schwester meiner Mutter"). Außerdem verwendet man den 2. Fall bei Mengenangaben und bei allen Zahlen ab 5 (einschließlich).

**To je sestra mojej matky.**
*das (sie-)ist Schwester meiner(2) Mutter(2)*
Das ist die Schwester meiner Mutter.

**od Prahy do Bratislavy**
*von Prag(2) nach Pressburg(2)*
von Prag nach Pressburg

**3. Fall (Dativ)** Der **3. Fall** steht vor allem nach Verben wie „geben", „sagen" oder „helfen", die auch im Deutschen den 3. Fall verlangen, und natürlich nach bestimmten Verhältniswörtern. Darüber hinaus verlangen auch die Verben zavolať *(anrufen)* und manchmal auch rozumieť *(verstehen)* den 3. Fall.

**Katka mi to dala.**
*K. mir(3) das(4) gegeben(w)*
Katka hat das mir gegeben.

**Chcem ísť k lekárovi.**
*will gehen zu Arzt(3)*
Ich will zum Arzt gehen.

Der **4. Fall** bezeichnet das direkte Objekt einer Handlung (Frage „wen?" oder „was?").

**4. Fall (Akkusativ)**

**Vidím tvoje auto.**
*(ich-)sehe dein(4) Auto(4)*
Ich sehe dein Auto.

**Prosím si jednu kávu.**
*bitte sich einen(4) Kaffee(4)*
Ich möchte einen Kaffee.

*Der 4. Fall ist sehr oft mit dem 1. Fall identisch.*

**Choď cez most!**
*geh(!) über Brücke(4)*
Geh über die Brücke!

**To je pre teba.**
*das ist für dich(4)*
Das ist für dich.

Der **5. Fall** ist so gut wie immer identisch mit der Grundform. Es gibt nur zwei übliche Ausnahmen:

**5. Fall (Anredefall/ Vokativ)**

**pán** *(Herr):*
**Pane!**
Herr!

**boh** *(Gott):*
**Bože! / Bože môj! / Pane bože!**
Gott! / Mein Gott! / Herrgott!

Der **6. Fall** steht nur nach bestimmten Verhältniswörtern, die auf einen Ort (oder auch eine Zeit) hinweisen, z. B.:

**6. Fall (Lokativ)**

**Bol / Bola som v škole.**
*gewesen(m/w) (ich-)bin in Schule(6)*
Ich war in der Schule.

**Tvoje okuliare sú na stole.**
*deine(4) Brillen(4) (sie-)sind auf Tisch(6)*
Deine Brille liegt auf dem Tisch.

Der **7. Fall** drückt ein Mittel (Instrument, Fahrzeug) oder einen Begleiter aus, mit dem man etwas macht.

**7. Fall (Instrumental)**

**Prišiel / Prišla som autobusom.**
*gekommen(m/w,v) (ich-)bin Bus(7)*
Ich bin mit dem Bus gekommen.

**so syrom**          **pred budovou**
*mit Käse(7)*          *vor Gebäude(7)*
mit Käse              vor dem Gebäude

## Beugung der Hauptwörter

*Der 5. Fall wird nicht aufgeführt, da er mit dem 1. Fall identisch ist.*

Hauptwörter werden nicht nur durch ihr grammatisches Geschlecht (männlich, weiblich, sächlich) unterschieden, sondern auch danach, ob ihr Stamm auf einem „weichen" oder „harten" Mitlaut endet!

### männliche Hauptwörter

| „hart" byt *(Wohnung)* | | „weich" nôž *(Messer)* | | „belebt" študent *(Student)* | |
|---|---|---|---|---|---|
| 1. byt | byt-y | nôž | nož-e | študent | študent-i |
| 2. byt-u | byt-ov | nož-a | nož-ov | študent-a | študent-ov |
| 3. byt-u | byt-om | nož-u | nož-om | študent-ovi | študent-om |
| 4. byt | byt-y | nôž | nož-e | študent-a | študent-ov |
| 6. byt-e | byt-och | nož-i | nož-och | študent-ovi | študent-och |
| 7. byt-om | byt-mi | nož-om | nož-mi | študent-om | študent-mi |

Bei belebten männlichen Hauptwörtern wird nicht zwischen „hart" und „weich" unterschieden. Die belebten männlichen Hauptwörter enden im 1. Fall Mehrzahl meistens auf -i. Aber es gibt Ausnahmen!

### weibliche Hauptwörter

| „hart" študentka *(Studentin)* | | „weich" ulica *(Straße)* | | „ursprünglich weich" zem *(Land)* | |
|---|---|---|---|---|---|
| 1. študenk-a | študentk-y | ulic-a | ulic-e | zem | zem-e |
| 2. študentk-y | študentiek | ulic-e | ulíc | zem-e | zem-í |
| 3. študentk-e | študentk-ám | ulic-i | ulic-iam | zem-i | zem-iam |
| 4. študentk-u | študentk-y | ulic-u | ulic-e | zem | zem-e |
| 6. študentk-e | študentk-ách | ulic-i | ulic-iach | zem-i | zem-iach |
| 7. študentk-ou | študentk-ami | ulic-ou | ulic-ami | zem-ou | zem-ami |

Einige weibliche Wörter, die auf einen Mitlaut enden, haben im 1. und 4. Fall Mehr- sowie im 2. Fall Einzahl immer die Endung -i statt -e, z. B. noc / noci *(Nacht / Nächte)* oder kosť / kosti *(Knochen, Ez/Mz)*.

## sächliche Hauptwörter

| | „hart“ mesto *(Stadt)* | | „weich“ srdce *(Herz)* | | auf -ie námestie *(Platz)* | |
|---|---|---|---|---|---|---|
| 1. | mest-o | mest-á | srdc-e | srdc-ia | námest-ie | námest-ia |
| 2. | mest-a | miest | srdc-a | sŕdc | námest-ia | námest-í |
| 3. | mest-u | mest-ám | srdc-u | srdc-iam | námest-iu | námest-iam |
| 4. | mest-o | mest-á | srdc-e | srdc-ia | námest-ie | námest-ia |
| 6. | mest-e | mest-ách | srdc-i | srdc-iach | námest-í | námest-iach |
| 7. | mest-om | mest-ami | srdc-om | srdc-ami | námest-ím | námest-iami |

Folgende sächliche Hauptwörter sind unregelmäßig: dievča / dievčatá *(Mädchen)*, oko / oči *(Auge)*, dieťa / deti *(Kind)*, ucho / uši *(Ohren)*.

## Beugung der Eigenschaftswörter

| | m Ez | w Ez | s Ez | m/w/s Mz |
|---|---|---|---|---|
| 1. | dobr-ý | dobr-á | dobr-é | dobr-é (-í) |
| 2. | dobr-ého | dobr-ej | dobr-ého | dobr-ých |
| 3. | dobr-ému | dobr-ej | dobr-ému | dobr-ým |
| 4. | dobr-ý (-ého) | dobr-ú | dobr-é | dobr-é (-ých) |
| 6. | dobr-om | dobr-ej | dobr-om | dobr-ých |
| 7. | dobr-ým | dobr-ou | dobr-ým | dobr-ými |

*Wer jetzt immer noch hungrig nach Endungen ist, der kann sich die Beugungsendungen der Eigenschaftswörter am Beispiel von dobrý (gut) ansehen.*

Die Beugungsendungen der Eigenschaftswörter sind wesentlich regelmäßiger und überschaubarer als bei den Hauptwörtern. In der Mehrzahl unterscheiden sich die drei Geschlechter nicht. Lediglich zwei Ausnahmen gibt es für die belebten männlichen Formen. Diese sind in Klammern angegeben, wenn sie von anderen Mehrzahlendungen abweichen.

Darüber hinaus gibt es auch Beugungsendungen für „weiche" Eigenschaftswörter. Diese sind jedoch ziemlich selten (z. B. cudzí *fremd*). Die weiche Beugung ist sowieso mit der harten fast identisch: Die Endungen -á, -é, -ú, -ého bzw. -ému werden regelmäßig durch die Doppellaute -ia, -ie, -iu, -ieho bzw. -iemu ersetzt. Weiterhin wird -ý immer durch -í ersetzt (aber y und i werden sowieso gleich ausgesprochen). Die Endungen -ej, -ou und -om bleiben unverändert.

## Wortstellung

**D**ie slowakische Wortstellung ist der deutschen Wortstellung ähnlich. Es gibt nur ein paar wichtige Details, die man beachten sollte. Wenn die slowakische Wortstellung von der deutschen abweicht, dann meistens wegen der so genannten „kleinen, unbetonten" Wörter. Diese Wörter haben nämlich eine besondere Stellung im Satz.

Die „kleinen, unbetonten" Wörter sind to *(das),* už *(schon),* tu *(hier),* ešte *(noch),* tam *(dort).* Weiterhin fallen darunter die kurzen, unbetonten Formen der persönlichen Fürwörter (s. Kapitel „Wem? oder Wen?") sowie die rückbezüglichen Fürwörter si und sa *(sich)* (s. das entsprechende Kapitel).

*Meistens steht das Verb (bzw. die Satzaussage) am Satzanfang, jedoch nicht immer. Manchmal steht da der Handelnde (wenn er ausdrücklich genannt wird) oder ein anderes Wort (zur besonderen Betonung). Dann stehen die kleinen, unbetonten Wörter zwischen dem ersten Wort und dem Verb.*

**Čo tu robíš?**
*was hier (du-)machst*
Was machst du hier?

**Ja tu bývam.**
*ich hier (ich-)wohne*
Ich wohne hier.

**Včera mi zavolala.**
*gestern mir(3) angerufen(w,v)*
Gestern hat sie mich angerufen.

Die kleinen, unbetonten Wörter können auch zwischen einem Modalverb und dem Vollverb stehen.

**Nemôžeš to robiť.**
*nicht-(du-)kannst das(4) machen*
Du kannst das nicht machen.

**Musíš tu čakať v rade.**
*(du-)musst hier warten in Reihe(6)*
Du musst hier in der Reihe warten.

In der Vergangenheit stehen die kleinen, unbetonten Wörter immer direkt nach dem Hilfsverb byť (sein).

**Kúpil som ti zmrzlinu.**
*gekauft(m,v) (ich-)bin dir(3) Eis(4)*
Ich habe dir Eis gekauft.

**Včera som ho videla.**
*gestern (ich-)bin ihn(4) gesehen(w)*
Gestern habe ich ihn gesehen.

**Čo ste tam robili?**
*was (ihr-)seid dort gemacht(Mz)*
Was habt ihr dort gemacht?

Und zum Schluss ein Modalverb, ein Hilfsverb und ein kleines, unbetontes Wort in einem Satz.

**Chceli sme ho navštíviť.**
*gewollt(Mz) (wir-)sind ihn besuchen(v)*
Wir wollten ihn besuchen.

**Včera sme ho chceli navštíviť.**
*gestern (wir-)sind ihn gewollt(Mz) besuchen(v)*
Gestern wollten wir ihn besuchen.

## Verhältniswörter

**W**ie im Deutschen verlangen Verhältniswörter einen bestimmten Fall. Das nachfolgende Hauptwort muss also richtig gebeugt werden. Trotzdem wird man meistens auch dann verstanden, wenn man zur Not die Grundform (1. Fall) verwendet.

Viele Verhältniswörter mit einer örtlichen Bedeutung können zwei verschiedene Fälle verlangen, z. B. na („an" oder „auf"): na verlangt den 6. Fall, wenn es auf die Frage „Wo?" antwortet, aber den 4. Fall, wenn es auf die Frage „Wohin?" antwortet. Insgesamt lässt sich sagen, dass der 4. Fall oft mit der Richtung („Wohin?") zu tun hat.

*mit dem 2. Fall (Genitiv)*

| | | | |
|---|---|---|---|
| **z, zo** | aus | **vedľa** | neben |
| **do** | in (hinein); | **u** | bei, an *(Ort)* |
| | nach *(Richtung)* | **bez, bezo** | ohne |
| **od, odo** | von | **za** | während |

Wenn das Verhältniswort nur eine Silbe hat, dann liegt die Betonung auf ihm und nicht auf dem Hauptwort. Die beiden Wörter werden dann wie ein einziges Wort ausgesprochen.

**do mesta**    **do kina**    **do Bratislavy**    **do Viedne**
*in Stadt(2)*    *in Kino(2)*    *nach Pressburg(2)*    *nach Wien(2)*
in die Stadt    ins Kino    nach Pressburg    nach Wien

*mit dem 3. Fall (Dativ)*

| | | | |
|---|---|---|---|
| **proti** | gegen | **kvôli** | wegen |
| **oproti** | gegenüber | **napriek** | trotz |
| **k, ku** | zu, nach *(Richtung)* | | |

**kvôli meškaniu**        **oproti stanici**
*wegen Verspätung(3)*        *gegenüber Bahnhof(3)*
wegen der Verspätung        gegenüber dem Bahnhof

| pre | für *(Personen)* | cez | durch, über | *nur mit dem 4. Fall (Akkusativ)* |
|---|---|---|---|---|
| **cez ulicu** | *durch Straße(4)* | | über die Straße | |

| na | auf, an *(örtl.)* | po | bis, entlang | *örtliche Bedeutung: mit 4. oder 6. Fall (Lokativ)* |
|---|---|---|---|---|

| nad | über (oberhalb) | pred(o) | vor *(örtl.)* | *örtliche Bedeutung: mit 4. oder 7. Fall (Instrumental)* |
|---|---|---|---|---|
| **pod, podo** | unter | za | hinter | *za mit dem 4. Fall dient* |
| **medzi** | zwischen | | | *auch zu Zeitangaben („in drei Tagen", ebenso wie o)* |

**Kniha leží na stole.**     **Položím knihu na stôl.**
*Buch liegt auf Tisch(6)*     *(ich-)lege Buch(4) auf Tisch(4)*
Das Buch liegt auf     Ich lege das Buch auf den
dem Tisch.                Tisch.

| **na ulici** | *auf Straße(6)* | auf der Straße | |
|---|---|---|---|
| **na Slovensku** | *auf Slowakei(6)* | in der Slowakei | |
| **na Slovensko** | *auf Slowakei(4)* | in die Slowakei | |
| **po meste** | *entlang Stadt(6)* | um die Stadt | |
| **za rohom** | *hinter Ecke(7)* | um die Ecke | *antwortet hier auf die Frage „Wo?"* |

| v, vo | in *(örtl.)* | pri | bei, neben | *nur mit dem 6. Fall (Lokativ)* |
|---|---|---|---|---|
| **v meste** | *in Stadt(6)* | in der Stadt | | *v kommt in Sonderbedeu-* |
| **v kine** | *in Kino(6)* | im Kino | | *tungen auch im 4. Fall vor (Wochentage, „glauben an" usw.)* |

**Bývam v Nemecku / v Rakúsku / vo Švajčiarsku.**
*(ich-)wohne in Deutschl.(6) / in Österr.(6) / in Schweiz(6)*
Ich wohne in Deutschland / Österreich / der Schweiz.

| o | 6.: über *(Thema)*, | po | 6.: nach *(zeitl.)* | *mit 6. und 4. Fall, unter-* |
|---|---|---|---|---|
| | um *(Uhrzeit)* | | 4.: bis | *schiedliche Bedeutungen* |
| | 4.: in *(zeitl., Zuk.)* | | | |

*nur mit dem 7. Fall*
*(Instrumental)*

| s, so | mit | pred | vor *(zeitl.)* |
|---|---|---|---|

**s kečupom**      **pred chvíľou**
*mit Ketchup(7)*    *vor Weile(7)*
mit Ketchup      vor einer Weile

An manche kurze Verhältniswörter wird vor lautlich komplizierten Haupt- und Fürwörtern ein -o angehängt, um die Aussprache zu erleichtern. So wird etwa s zu so; k *(zu)* wandelt sich allerdings zu ku.

**so mnou**       **ku mne**        **vo štvrtok**
*mit mir(7)*       *zu mir(3)*        *in Donnerstag(4)*
mit mir         zu mir          am Donnerstag

## Zahlen & Zählen

**Z**ahlen können im Slowakischen gebeugt werden. Hier werden sie jedoch nur im 1. Fall aufgeführt, da man die gebeugten Zahlen so gut wie nie benötigt.

### Grundzahlen

| 0 | nula | | 5 | päť |
|---|---|---|---|---|
| 1 | jeden *(m)*, jedna *(w)*, jedno *(s)* | | 6 | šesť |
| 2 | dva *(m/u)*, dvaja *(m/b)*, dve *(w,s)* | 7 | sedem |
| 3 | tri *(m/u,w,s)*, traja *(m/b)* | | 8 | osem |
| 4 | štyri *(m/u,w,s)*, štyria *(m/b)* | | 9 | deväť |

| 10 | desať | 15 | pätnásť |
|---|---|---|---|
| 11 | jedenásť | 16 | šestnásť |
| 12 | dvanásť | 17 | sedemnásť |
| 13 | trinásť | 18 | osemnásť |
| 14 | štrnásť | 19 | devätnásť |

| | | | | |
|---|---|---|---|---|
| 10 | **desať** | 60 | **šesťdesiat** | *Die Zehner werden* |
| 20 | **dvadsať** | 70 | **sedemdesiat** | *unregelmäßig gebildet.* |
| 30 | **tridsať** | 80 | **osemdesiat** | |
| 40 | **štyridsať** | 90 | **deväťdesiat** | |
| 50 | **päťdesiat** | | | |

| | | | | |
|---|---|---|---|---|
| 100 | **sto** | 600 | **šesťsto** | *Die Hunderter werden* |
| 200 | **dvesto** | 700 | **sedemsto** | *mit* sto *(hundert)* |
| 300 | **tristo** | 800 | **osemsto** | *gebildet, das an* |
| 400 | **štyristo** | 900 | **deväťsto** | *die Grundzahl* |
| 500 | **päťsto** | | | *angehängt wird.* |

| | | | | |
|---|---|---|---|---|
| 1000 | **tisíc** | 6000 | **šesťtisíc** | *Die Tausender werden* |
| 2000 | **dvetisíc** | 10.000 | **desaťtisíc** | *gebildet, indem* tisíc |
| 3000 | **tritisíc** | 100.000 | **stotisíc** | *(tausend) an die* |
| 4000 | **štyritisíc** | 1.000.000 | **milión** | *Grundzahl angehängt* |
| 5000 | **päťtisíc** | | | *wird.* |

| | | | | |
|---|---|---|---|---|
| 21 | **dvadsaťjeden** | 101 | **stojeden** | *Bei Zusammensetzungen* |
| 22 | **dvadsaťdva** | 1020 | **tisícdvadsať** | *gilt die Reihenfolge 1000er,* |
| 23 | **dvadsaťtri** | 3425 | **tritisícštyristodvadsaťpäť** | *100er, 10er und Einer.* |

## einmal, zweimal ...

| | | | |
|---|---|---|---|
| **raz** | einmal | **koľkokrát?** | wie viel Mal? |
| **dvakrát** | zweimal | **párkrát** | ein paar Mal |
| **trikrát** | dreimal | **ešte raz** | noch einmal |
| **štyrikrát** | viermal | | |

## Bruchzahlen

| | | | |
|---|---|---|---|
| **pol** | (ein)halb | **tretina** | Drittel |
| **polka** | (eine) Hälfte | **štvrť, štvrtina** | Viertel |
| **polovica** | (eine) Hälfte | **pätina** | Fünftel |

## Ordnungszahlen

*Die Ordnungszahlen werden wie normale Eigenschaftswörter gebeugt, z. B.: prvý (m), prvá (w), prvé (s) usw.*

| | | | | | |
|---|---|---|---|---|---|
| 1. | **prvý** | 11. | **jedenásty** | 10. | **desiaty** |
| 2. | **druhý** | 12. | **dvanásty** | 20. | **dvadsiaty** |
| 3. | **tretí** | 13. | **trinásty** | 30. | **tridsiaty** |
| 4. | **štvrtý** | 14. | **štrnásty** | 40. | **štyridsiaty** |
| 5. | **piaty** | 15. | **pätnásty** | 50. | **päťdesiaty** |
| 6. | **šiesty** | 16. | **šestnásty** | 60. | **šesťdesiaty** |
| 7. | **siedmy** | 17. | **sedemnásty** | 70. | **sedemdesiaty** |
| 8. | **ôsmy** | 18. | **osemnásty** | 80. | **osemdesiaty** |
| 9. | **deviaty** | 19. | **devätnásty** | 90. | **deväťdesiaty** |
| | | | | 100. | **stý** |

*Druhý (zweiter) bedeutet auch „anderer" oder „ein anderer".*

**To je na druhej strane.**
*das ist auf zweiter(6) Seite(6)*
Das ist auf der anderen Seite.

## Bus- & Zimmernummern

Eine weitere Art von Zahlen, die durch die Grundzahl und der Endung -ka gebildet wird, wird für das Nummerieren von Bus-, Straßenbahnlinien, Hotelzimmer usw. benötigt.

*1 bis 10 wird unregelmäßig gebildet, ab 11 ist die Bildung jedoch regelmäßig.*

| | | | |
|---|---|---|---|
| **jednotka** | Einer | **sedmička** | Siebener |
| **dvojka** | Zweier | **osmička** | Achter |
| **trojka** | Dreier | **deviatka** | Neuner |
| **štvorka** | Vierer | **desiatka** | Zehner |
| **päťka** | Fünfer | **jedenástka** | Elfer |
| **šestka** | Sechser | **dvanástka** | Zwölfer |

Die Zahlen von 11 bis 19 ersetzen dabei ihre Endung -násť durch -nástka. Runde Zahlen (20, 30, 40 usw.) ersetzen ihre Endung -dsať oder -desiat durch -dsiatka bzw. -desiatka. Bei zusammengesetzten Zahlen (21, 54 usw.) wird nur die letzte Ziffer durch

die oben aufgeführten Formen ersetzt. Diese Zahlen
werden dann wie normale weibliche Hauptwörter
auf -a gebeugt.

| | |
|---|---|
| **(električka) jedenástka** | die Elfer-Straßenbahn |
| *(Straßenbahn) elfer* | |
| **(autobus) päťdesiatštvorka** | der Vierundfünfziger- |
| *(Bus) fünfzig-vierer* | Bus |
| **(izba) tristodvojka** | Zimmer 302 |
| *(Zimmer) drei-hundert-zweier* | |

## Zählen

Das Zählen funktioniert im Slowakischen etwas an-
ders als im Deutschen, und zwar braucht man zu-
sätzlich den 2. Fall Mehrzahl (z. B. „fünf der Biere"):

| Zahlwort | verlangt Beugung im ... |
|---|---|
| 1 | 1. Fall Einzahl |
| 2, 3, 4 | 1. Fall Mehrzahl |
| alle Zahlen ab 5 | 2. Fall Mehrzahl |

**jedno pivo / dve pivá / päť pív**
*ein(s) Bier(1,Ez) / zwei(s) Biere(1,Mz) / fünf Biere(2,Mz)*
ein Bier / zwei Biere / fünf Biere

| | | |
|---|---|---|
| **jeden liter** | **dva litre** | **sedem litrov** |
| *ein(m) Liter(1,Ez)* | *zwei(m) Liter(1,Mz)* | *sieben Liter(2,Mz)* |
| **jeden muž** | **traja muži** | **veľa mužov** |
| *ein(m) Mann(1,Ez)* | *drei(m/b) Männer(1,Mz)* | *viele Männer(2,Mz)* |
| **jedna žena** | **štyri ženy** | **niekoľko žien** |
| *eine(w) Frau(1,Ez)* | *vier Frauen(1,Mz)* | *einige Frauen(2,Mz)* |
| **jedno auto** | **dve autá** | **desať áut** |
| *ein(s) Auto(1,Ez)* | *zwei(s) Autos(1,Mz)* | *zehn Autos(2,Mz)* |

## Maße & Mengenangaben

Im Slowakischen verlangen alle (!) Mengenangaben den 2. Fall (Genitiv). Dies gilt nicht nur für Maßangaben wie „Liter", „Meter" oder „Kilo", sondern auch für unbestimmte Mengenangaben wie „viel", „wenig", „einige", „halb" usw. (Im Slowakischen sind diese Mengenangaben Hauptwörter!)

| | | | |
|---|---|---|---|
| **veľa** | viel | **málo** | wenig |
| **viac** | mehr | **menej** | weniger |
| **koľko?** | wie viel? | **toľko** | so viel |
| **niekoľko** | einige | **trošku** | ein bisschen |
| **pár** | ein paar | **priveľa** | zuviel |

| | | |
|---|---|---|
| **centimeter** | **meter** | **kilometer** |
| Zentimeter | Meter | Kilometer |

| | | | |
|---|---|---|---|
| **deko** | 10 g | **dve kilá** | zwei Kilos |
| *zehn-Gramm* | | *zwei Kilos(Mz)* | |
| **dvadsať deka** | 200 g | **pol kila** | ein ½ Kilo |
| *zwanzig zehn-Gramm(2,Mz)* | | *halbes Kilo(2)* | |
| **pätnásť deka** | 150 g | **štvrť kila** | ein ¼ Kilo |
| *fünfzehn zehn-Gramm(2,Mz)* | | *Viertel Kilo(2)* | |
| **kilo** | Kilo | | |

| | | | |
|---|---|---|---|
| **liter** | Liter | **päť deci** | 0,5 l |
| **pol litra** | ½ Liter | *fünf Deziliter(2,Mz)* | |
| *halbes Liter(2)* | | **pohár** | Glas |
| **dva deci** | 0,2 l | **fľaša** | Flasche |
| *zwei(m/u) Deziliter(2,Mz)* | | **fľaška** | Fläschchen |

*Auch Wörter wie „Flasche", „Glas", „Paket" oder „Stück" verlangen den 2. Fall.*

| | | | |
|---|---|---|---|
| **kus** | Stück | **balík** | Paket |
| **dva kusy** | zwei Stück | **balíček** | Päckchen |
| *zwei(m/u) Stücke(2,Mz)* | | **polka** | Hälfte |
| **kúsok** | Stückchen | | |

**kilo syra**
*Kilo Käse(2)*
ein Kilo Käse

**kúsok chleba**
*Stückchen Brotes(2)*
ein Stückchen Brot

**liter vody**
*Liter Wasser(2)*
ein Liter Wasser

**šálka kávy**
*Tasse Kaffee(2)*
eine Tasse Kaffee

**Koľko banánov?**
*wie-viel Bananen(2,Mz)*
Wie viele Bananen?

**Kilo pomarančov.**
*Kilo Orangen(2,Mz)*
Ein Kilo Orangen.

*Wenn es um mehrere Dinge geht, verwendet man den 2. Fall Mehrzahl.*

**Dve kilá paradajok.**
*zwei Kilos(Mz) Tomaten(2,Mz)*
Zwei Kilo Tomaten.

**Pol kila salámi.**
*halb Kilo(2) Salami(2)*
Ein ½ Kilo Salami.

**Nemám veľa času.**
*nicht-(ich-)habe viel Zeit(2,Ez)*
Ich habe nicht viel Zeit.

**Koľko tam bolo ľudí?**
*wie-viel dort gewesen(s) Leute(2,Mz)*
Wie viele Leute waren dort?

Da das Slowakische keinen unbestimmten Artikel hat, ist es sinnvoll, die Grundzahl jeden / jedna / jedno („ein", *m/w/s*) zu verwenden, wenn man nur *ein* Stück, *ein* Kilo oder *ein* Glas bestellt.

Žiaden *(keiner)* und každý *(jeder)* sind im Slowakischen Eigenschaftswörter und verlangen deswegen den 2. Fall nicht.

| | | | | |
|---|---|---|---|---|
| **žiaden/-ny** *(m)* | | | **každý** *(m)* | |
| **žiadna** *(w)* | keine(r,s) | | **každá** *(w)* | jede(r,s) |
| **žiadne** *(s)* | | | **každé** *(s)* | |

## Zeit & Datum

**A**uch in diesem Kapitel bleibt es Ihnen nicht erspart, sich mit den Fällen auseinander zu setzen.

### wichtige Zeitangaben

| | | | |
|---|---|---|---|
| **teraz** | jetzt | **už nie** | nicht mehr |
| **hneď** | sofort | **nikdy** | niemals |
| **vtedy** | dann | **zriedka** | selten |
| **práve** | eben | **málokedy** | selten |
| **skoro** | früh, bald | **niekedy** | manchmal |
| **predtým** | vorher, früher | **často** | oft |
| **skôr** | früher | **stále** | ständig |
| **neskoro** | spät | **vždy** | immer |
| **potom** | danach | **inokedy** | ein andermal |
| **neskôr** | später | **niekedy** | irgendwann |
| **dávno** | lange her | **kedy-tedy** | ab und zu |
| **už** | schon | *wann-dann* | |
| **ešte** | noch (immer) | **minule** | letztes Mal |
| **ešte stále** | immer noch | **nabudúce** | nächstes Mal |
| **ešte nie** | noch nicht | | |

| | | |
|---|---|---|
| **predvečerom** | | vorgestern |
| **včera** | | gestern |
| **dnes, dneska** | | heute |
| **zajtra** | | morgen |
| **pozajtra** | | übermorgen |
| **v noci** | *in Nacht(6)* | in der Nacht, nachts |
| **cez deň** | *durch Tag(4)* | während des Tages |
| **celý deň** | *ganzer Tag(4)* | den ganzen Tag |
| **doobeda** | | vor dem Mittagessen |
| **poobede** | | nach dem Mittagessen |

| | | | |
|---|---|---|---|
| **ráno** | Morgen(s) | **minúta** | Minute |
| **dopoludnie** | Vormittag(s) | **hodina** | Stunde |
| **poludnie** | Mittag(s) | **deň** | Tag |
| **popoludnie** | Nachmittag(s) | **týždeň** | Woche |
| **večer** | Abend(s) | **mesiac** | Monat |
| **noc** | Nacht | **rok** | Jahr |

## Uhrzeit

**Neviete, koľko je hodín?**
*nicht-(ihr-)wisst wie-viel ist Stunden(2,Mz)*
Können Sie mir sagen, wie spät es ist?

| | |
|---|---|
| **Je jedna hodina.** | Es ist ein Uhr. |
| *(es-)ist eine(w) Stunde* | |
| **Sú dve hodiny.** | Es ist zwei Uhr. |
| *(sie-)sind zwei(w) Stunden* | |
| **Je päť hodín.** | Es ist fünf Uhr. |
| *(es-)ist fünf Stunden(2,Mz)* | |

*Achtung: In der Antwort steht für die Stunden 2, 3 und 4 Uhr sú ... hodiny („sie sind ... Stunden(Mz)"); für alle anderen Uhrzeiten heißt es je ... hodín („es ist ... Stunden(2,Mz)"). Ausnahme ist „ein Uhr".*

Will man sich für eine bestimmte Uhrzeit (volle Stunde) verabreden, gibt man die Uhrzeit mit einer Ordnungszahl weiblichen Geschlechts an. Diese steht im 6. Fall und bekommt somit die Endung -ej.

**Kedy sa stretneme?** **o jednej** **o piatej**
*wann sich (wir-)treffen(v) um erster(6) um fünfter(6)*
Wann treffen wir uns? um ein Uhr um fünf Uhr

Für die Angabe „halb" braucht man auch Ordnungszahlen mit der Endung -ej (hier 2. Fall!):

*Bei allen anderen Zeitangaben ist es egal, ob es um die Uhrzeit oder um eine verabredete Zeit geht.*

**(o) pol ôsmej** **(o) pol druhej**
*(um) halb achter(2)* *(um) halb zweiter(2)*
(um) halb acht (um) halb zwei

Für die Angabe der Viertelstunden braucht man die Grundzahlen. Man zählt immer bis zur nächsten vollen Stunde. Es gibt kein „vor" oder „nach", sondern nur „Viertel auf" und „drei Viertel auf".

*Die einfachste Art, die Uhrzeit anzugeben, ist jedoch, nur die Stunde und die Minuten in Grundzahlen anzugeben.*

**(o) štvrť na deväť**
*(um) Viertel auf neun(4)*
(um) Viertel nach acht

**(o) tri štvrte na päť**
*(um) drei Viertel auf fünf(4)*
(um) Viertel vor fünf

**desať pätnásť**
*zehn fünfzehn*
10 Uhr 15

**štrnásť tridsať**
*vierzehn dreißig*
14 Uhr 30

**deväť tridsaťpäť**
*neun dreißig-fünf*
9 Uhr 35

| | |
|---|---|
| **o / za desať minút**<br>*in / in zehn(4) Minuten(2,Mz)* | in zehn Minuten |
| **o / za chvíľu**<br>*in / in Weile(4)* | nach (einer) Weile |
| **o / za hodinu**<br>*in / in Stunde(4)* | nach (einer) Stunde |

## Monate

| | | | |
|---|---|---|---|
| **január** | Januar | **júl** | Juli |
| **február** | Februar | **august** | August |
| **marec** | März | **september** | September |
| **apríl** | April | **október** | Oktober |
| **máj** | Mai | **november** | November |
| **jún** | Juni | **december** | Dezember |

## Wochentage

| | | | |
|---|---|---|---|
| **pondelok** | Montag | **piatok** | Freitag |
| **utorok** | Dienstag | **sobota** | Samstag |
| **streda** | Mittwoch | **nedeľa** | Sonntag |
| **štvrtok** | Donnerstag | | |

„An" und „in" in Ausdrücken wie „am Montag" oder „im Januar" werden mit v bzw. vo übersetzt. Der Monat wird dann im 6. Fall, der Wochentag im 4. Fall gebeugt. V wird wie „f" ausgesprochen, wenn es vor einem stimmlosen Mitlaut steht. Zum Beispiel: v januári *(im Januar)*, vo februári *(im Februar)*, v pondelok *(am Montag)*, v utorok *(am Dienstag)*.

## Jahreszeiten

| jar | Frühling | jeseň | Herbst |
|-----|----------|-------|--------|
| leto | Sommer | zima | Winter |

| na jar | *auf Frühling(4)* | im Frühling |
|--------|-------------------|-------------|
| v lete | *in Sommer(6)* | im Sommer |
| na jeseň | *auf Herbst(4)* | im Herbst |
| v zime | *in Winter(6)* | im Winter |

## Datum

Bei der Datumsangabe steht die Ordnungszahl und der Monat im 2. Fall. Die Ordnungszahl bekommt die Endung -ého *(m, Ez, 2)* und der Monat die Endung -a.

**utorok, tridsiateho marca**
*Dienstag dreißigsten(2) März(2)*
Dienstag, den 30. März

**streda, štrnásteho augusta**
*Mittwoch vierzehnten(2) August(2)*
Mittwoch, den 14. August

**tisíc deväťsto deväťdesiat tri**
*tausend neunhundert neunzig drei*
1993

# Kurz-Knigge

**D**ie Slowakei ist ein mitteleuropäisches Land und teilt die **Kultur und Bräuche** seiner Nachbarn. Man braucht sich also nicht an eine fremdartige Verhaltensweise oder Gestik zu gewöhnen.

Slowaken sind gegenüber Fremden im Allgemeinen freundlich und aufgeschlossen. Man sollte sich nicht täuschen, wenn sich die Leute auf der Straße und in den Läden ein bisschen schroff benehmen. Wenn man mit Slowaken redet oder sie um Hilfe bittet, dann zeigen sie sich nett und kontaktfreudig. Die Grenzen des Landes sind weit offen (die Slowakei gehört zur Schengen-Zone!), aber für viele Leute in kleineren Städten und Dörfern ist der Kontakt mit Ausländern noch immer etwas Besonderes. Man braucht sich nicht sonderlich bemühen, um neue **Bekanntschaften** zu schließen.

Man lässt sich sehr gerne zum Bier oder Kaffee einladen – aber aller Wahrscheinlichkeit nach werden es die Slowaken sein, die Sie einladen. Slowaken sind begeisterte **Gastgeber.** Beim Hausbesuch werden Essen und Getränke reichlich aufgetischt. Man sollte sich nicht schämen, auch reichlich zu essen, sonst meinen die Gastgeber, es habe nicht geschmeckt.

Bei den meisten Leuten ist es Brauch, sich die **Schuhe auszuziehen,** bevor man eine

Wohnung betritt. Dieser Aufforderung sollte man als Gast auch dann nachkommen, wenn die Gastgeber behaupten, es sei nicht notwendig. Hausschuhe stehen bereit.

Es gibt nach wie vor **wirtschaftliche Unterschiede** zwischen Ost- und Westeuropa. Zwar gibt es in der Slowakei eine wachsende Schicht gut verdienender Berufstätiger, gerade in den großen Städten, aber eben auch zahlreiche ärmere Menschen, die bei gering gebliebenem Einkommen mit steigenden Preisen zurecht kommen müssen. Dem durchschnittlichen Westler steht noch immer deutlich mehr Geld zur Verfügung als dem durchschnittlichen Slowaken. Wenn ein Ausländer etwas mit seinen Bekannten in der Slowakei unternimmt, sollte er deswegen taktvoll sein. Was Ausländer preiswert erstehen können, ist für die Einwohner oft recht teuer.

Man sollte nicht alles **kritisieren,** was man als umständlich oder unangenehm empfindet – die Slowaken kennen die Probleme ihres Landes selbst.

Manchmal muss man sich bemühen, um mit Slowaken auf **Slowakisch** zu reden. Nach der Revolution haben Kellner und Verkäufer Deutsch gelernt, damit sie sich mit Deutschsprechenden verständigen können. Fast alle Schüler und Studenten lernen jetzt Deutsch oder Englisch und nutzen jede Gelegenheit, um zu üben. Und viele ältere Leute, die vor dem Zweiten Weltkrieg geboren wurden, können sowieso ein bisschen Deutsch sprechen.

## Namen & Anrede

**B**ei der Anrede setzt man die folgenden Bezeichnungen vor den Familiennamen:

| **pán** | **pani** | **slečna** |
|---------|----------|------------|
| Herr | Frau | Fräulein |

| **Milan Kollár** | **pán profesor** | **Juraj Kováč** |
|------------------|------------------|-----------------|
| Milan Kollár | Herr Professor | Juraj Kováč |

Für Frauen wird immer die Endung -ová an den Familiennamen angehängt. Das gilt auch für Ausländerinnen, wie z. B. Angela Merkelová. Außerdem wird an alle Berufstitel und -bezeichnungen die Endung -ka angehängt, wenn sie sich auf eine Frau beziehen.

*Namen und Titel funktionieren genauso wie im Deutschen: erst (evtl.) der Titel (titul), dann der Vorname (krstné meno), zum Schluss der Familienname (priezvisko). Der Familienname wird vom Vater geerbt.*

| **Katarína Kollárová** | Katarína Kollárová |
|------------------------|--------------------|
| **pani profesorka Ivana Jankovičová** | Frau Professorin Ivana Jankovičová |

Manche männliche Familiennamen enden auf -ý, die weibliche Form des Familiennamens endet dann auf -á.

| **Ľubomír Šťastný** | **Petra Šťastná** |
|---------------------|-------------------|

| **pani učiteľka!** | Frau Lehrerin! |
|--------------------|----------------|
| **pán hlavný!** | Herr Ober! |
| **pán riaditeľ!** | Herr Direktor! |
| **pán šofér!** | Herr Fahrer! *(Bus oder Taxi)* |

*Wenn auch Ihr Name eine entsprechende Verkleinerungssilbe erhält, ist dies ein Zeichen von Zuneigung.*

Vornamen werden im Slowakischen oft „verkleinert": Tomáš wird z. B. Tomáško, Mária wird Marika, Marysa oder auch Majka, Matej wird Maťko, Katarína wird Katka, Martina wird Martinka oder Tinka usw., usw.

In Läden, mit Fremden auf der Straße und mit älteren Leuten verwendet man die höfliche Anrede, die mit der Verbform für die 2. Person Mehrzahl *(ihr)* identisch ist. Studenten und junge Leute duzen sich. Erwachsene sollte man siezen, aber viele Slowaken duzen einfach, wenn sie jemanden nett finden.

## Begrüßen & Verabschieden

**L**eute, die sich siezen, verwenden die offizielleren Ausdrücke Dobrý deň!, Dobrý večer!, Do videnia! Ist man vertrauter und duzt man sich, sagt man Ahoj!, Nazdar!, Čau! Redet man mehrere Personen an, sagt man auch Ahojte! oder Čaute!

*Mit einem Smartphone können Sie sich die mit einem 𝄞 gekennzeichneten Sätze dieses Kapitels anhören. Scannen Sie einfach den QR-Code mit Hilfe einer kostenlosen App (z. B. „Barcoo" oder „Scanlife").*

| | |
|---|---|
| 𝄞 **Dobrý deň!** | Guten Tag! |
| 𝄞 **Dobrý deň prajem!** *guten(4) Tag(4) (ich-)wünsche* | Einen guten Tag wünsche ich! |
| 𝄞 **Dobrý večer!** | Guten Abend! |
| 𝄞 **Ahoj!, Nazdar!** | Hallo!, *auch:* Tschüss! |
| **Čau!** | Tschau!, *auch:* Hallo! |
| **Bozkávam.** *(ich-)küsse* | Küss die Hand! *(zu Begrüßung und Abschied, ausgesprochen höflich)* |

| | |
|---|---|
| 🔊 **Do videnia!** <br> *auf Wiedersehen(2)* | Auf Wiedersehen! |
| 🔊 **Dobrú noc!** <br> *gute(4) Nacht(4)* | Gute Nacht! |
| 🔊 **Maj sa pekne!** <br> *hab(!) sich schön(Umst.)* | Mach's gut! |
| **Ahoj! / Nazdar! / Čau!** | Tschüss!, Tschau! |
| 🔊 **Musím ísť.** <br> *(ich-)muss gehen* | Ich muss gehen. |
| 🔊 **Ponáhľam sa.** <br> *(ich-)beeile sich* | Ich hab's eilig. |
| **Ahoj zatiaľ!** <br> *hallo vorläufig* | Tschüss, bis später! |

# Bitten, Danken, Wünschen

**W**enn man in einem Restaurant oder in einer Kneipe etwas bestellen möchte, leitet man die Bitte mit prosím si ein.

## Bitten

🔊 **Prosím si jedno pivo.**
*(ich-)bitte sich ein(s,4) Bier(4)*
Ein Bier, bitte.

🔊 **Prosím si dve šálky kávy.**
*(ich-)bitte sich zwei(w,4) Tassen(4) Kaffee(2)*
Zwei Tassen Kaffee, bitte.

*Mit einem Smartphone können Sie sich die mit einem 🔊 gekennzeichneten Sätze dieses Kapitels anhören.*

*Für „bitte" als Aufforderung („Bitte, tun Sie ... !") kombiniert man das Modalverb* **môcť** *(können), mit der Grundform eines Verbs.*

**◗ Prosím, sadni si! ◗ Nech sa páči, sadnite si!**
*(ich-)bitte setz(!) sich damit sich (es-)gefällt*
Bitte setz dich!        *setzt(!) sich*
                        Bitte setzen Sie sich!

**Môžem ťa / Vás poprosiť, ...**
*(ich-)kann dich(4) / euch(4) erbitten*
Wenn ich dich / Sie bitten darf, ...

**◗ Môžete mi pomôcť?**
*(ihr-)könnt mir(3) helfen*
Können Sie mir helfen?

**◗ Dajte mi ... , prosím Vás!** *(+ 4. Fall)*
*gebt(!) mir(3) ... (ich-)bitte euch(4)*
Geben Sie mir bitte ... !

**◗ Prosím Vás, doneste nám ešte ... !** *(+ 4. Fall)*
*(ich-)bitte euch(4) bringt(!) uns(3) noch*
Bringen Sie uns bitte noch ... !

*Noch höflicher ist es,* **môcť** *(können) oder* **chcieť** *(wollen) mit der Möglichkeitsform zu kombinieren.*

**◗ Mohli by ste mi povedať, ...**
*gekonnt(Mz) MÖGL. (ihr-)seid mir(3) sagen*
Könnten Sie mir bitte sagen, ... ?

**◗ Mohli by ste to napísať?**
*gekonnt(Mz) MÖGL. (ihr-)seid das(4) aufschreiben*
Könnten Sie das bitte aufschreiben?

*Um eine Erlaubnis zu erhalten, braucht man ebenfalls eine Modalkonstruktion mit* **môcť** *(können).*

**Môžem tu fajčiť?**
*(ich-)kann hier rauchen*
Kann ich hier rauchen?

**❦ Môžem si sem sadnúť?**
*(ich-)kann sich hierher setzen*
Darf ich mich hier hinsetzen?

**Prosím, zober / zoberte si ...** (+ 4. Fall)
*(ich-)bitte nimm(!,v) / nehmt(!,v)*
Bitte, nimm / nehmen Sie ... !

*„Bitte" als Gewährung*
*(„Bitte, nehmen Sie!")*

| | | |
|---|---|---|
| **❦ Prosím!** | *(ich-)bitte* | Bitte (schön)! |
| **Nech sa páči!** | *damit sich (es-)gefällt* | Bitte schön! |
| **Páči sa!** | *(es-)gefällt sich* | Bitte schön! |

Die höflichste Art, „bitte schön" zu sagen, ist Nech sa páči! oder kürzer Páči sa! Die Slowaken sagen es zu jeder Gelegenheit (zu Hause, auf der Straße, in den Läden), besonders dann, wenn man jemandem etwas anbietet, etwas gibt oder einen Platz frei macht.

## Danken

| | |
|---|---|
| **❦ Ďakujem!** | Danke! |
| *(ich-)danke* | |
| **Díky! / Vďaka!** | Danke! |
| **Ďakujem pekne!** | Danke schön! |
| *(ich-)danke schön(Umst.)* | |
| **❦ Ďakujem za pozvanie!** | Danke für die |
| *(ich-)danke für Einladung(4)* | Einladung! |

Als Antwort auf „Danke!" sagt man „Keine Ursache!":

**❦ Za málo!**
*für wenig(Umst.)*

**Nemáš za čo!**
*nicht-(du-)hast für was*

### Sich entschuldigen

**🔊 Pardon!**  **Prepáč!**  **🔊 Prepáčte!**
Entschuldigung!  Verzeih!  Verzeihen Sie!

**🔊 Je mi ľúto!**  **🔊 Mrzí ma to!**
*(es-)ist mir(3) leid*  *(es-)bedauert mich(4) das*
Es tut mir Leid!  Ich bedaure es!

**To som nechcel / nechcela!**
*das (ich-)bin nicht-gewollt(m/w)*
Das habe ich nicht mit Absicht getan!

**🔊 Prepáčte, že meškám!**
*verzeiht(!,v) dass (ich-)verspäte*
Entschuldigen Sie die Verspätung!

**Prepáčte, že vyrušujem!**
*verzeiht(!,v) dass (ich-)störe*
Entschuldigen Sie die Störung!

### Wünschen

| | |
|---|---|
| **🔊 Pekný víkend!** | Schönes Wochenende! |
| *schönes(4) Wochenende(4)* | |
| **🔊 Veľa šťastia!** | Viel Glück! |
| *viel Glück(2)* | |
| **🔊 Šťastnú cestu!** | Gute Fahrt! |
| *gute(4) Fahrt(4)* | |
| **🔊 Spi dobre!** | Schlaf gut! |
| *schlaf(!) gut(Umst.)* | |
| **Peknú zábavu!** | Viel Vergnügen! |
| *schönes(4) Vergnügen(4)* | |
| **Držím ti palce!** | Ich drücke dir die Daumen! |
| *(ich-)drücke dir(3) Daumen* | |
| **Drž mi palce!** | Drück mir die Daumen! |
| *drück(!) mir(3) Daumen* | |

| | |
|---|---|
| 🔊 **Prajem ti / Vám ...** *(+ 4. Fall)* *(ich-)wünsche dir(3) / euch(3)* | Ich wünsche dir / Ihnen ... |
| **všetko najlepšie ...** *alles beste(4)* | alles Beste |
| **veľa úspechov ...** *viel Erfolge(2,Mz)* | viel Erfolg |
| **veľa šťastia ...** *viel Glück(2)* | viel Glück |
| **veľa zdravia ...** *viel Gesundheit(2)* | viel Gesundheit |
| **... a veľa lásky ...** *und viel Liebe(2)* | und viel Liebe |
| **... k narodeninám!** *zu Geburtstagen(3,Mz)* | zum Geburtstag! |
| **... k meninám!** *zu Namenstagen(3,Mz)* | zum Namenstag! |

*Namenstage sind in der Slowakei ebenso wichtig wie Geburtstage, besonders außerhalb der Familie (am Arbeitsplatz oder in der Schule). Zum Namenstag kann man nämlich denjenigen Leuten gratulieren, deren Geburtstag man nicht kennt.*

Weitere Glückwünsche zu Feiertagen:

| | |
|---|---|
| **Veselé Vianoce!** | Frohe Weihnachten! |
| **Šťastný nový rok!** *glückliches neues Jahr* | Alles Gute im neuen Jahr! |
| **Pekné sviatky!** | Schöne Feiertage! |
| **Veselú veľkú noc!** *frohe große Nacht* | Frohe Ostern! |

Glückwunsch zur Hochzeit:

**Veľa zdravia na novej spoločnej ceste životom!**
*viel Gesundheit(2) auf neuem(6) gemeinsamen(6) Weg(6) Leben(7)*
Viel Gesundheit auf dem neuen gemeinsamen Weg durchs Leben!

## Das erste Gespräch

**B**ei einem ersten Gespräch werden Fragen nach Name, Herkunft usw. ausgetauscht.

🔊 **Ako sa voláš?**
*wie sich (du-)nennst*
Wie heißt du?

🔊 **Som Peter.**
*(ich-)bin Peter*
Ich heiße Peter.

🔊 **Odkiaľ si?**
*woher (du-)bist*
Woher kommst du?

*Mit einem Smart-phone können Sie sich die mit einem 🔊 gekennzeichneten Sätze dieses Kapitels anhören.*

🔊 **Som z Nemecka / z Rakúska / zo Švajčiarska.**
*(ich-)bin aus Deutschland(2) / aus Österreich(2) / aus Schweiz(2)*
Ich bin aus Deutschland / aus Österreich / aus der Schweiz.

🔊 **A z ktorého mesta?**
*und aus welcher(2) Stadt(2)*
Aus welcher Stadt?

| Som z ... *(+ 2. Fall)* | | Ich bin aus ... | |
|---|---|---|---|
| *(ich-)bin aus* | | | |
| **Berlína** | Berlin | **Kolína** | Köln |
| **Bratislavy** | Preßburg | **Mníchova** | München |
| **Brna** | Brünn | **Prahy** | Prag |
| **Frankfurtu** | Frankfurt | **Viedne** | Wien |
| **Hamburgu** | Hamburg | **Zurichu** | Zürich |
| **Košíc** | Kaschau | | |

🔊 **Koľko si tu?**
*wie-viel (du-)bist hier*
Wie lange bist du schon hier?

🔊 **Tri dni / Dva týždne.**
*drei Tage / zwei Wochen*
Drei Tage / Zwei Wochen.

**Prečo si prišiel / prišla sem?**
*warum (du-)bist gekommen(m/w,v) hierher*
Warum bist du hierher gekommen?

**🎵 Čo tu robíš?**
*was hier (du-)machst*
Was machst du hier?

**🎵 Som na dovolenke.**
*(ich-)bin auf Urlaub(6)*
Ich mache Urlaub.

**🎵 Som tu obchodne.**
*bin hier geschäftlich(Umst.)*
Ich bin geschäftlich hier.

**🎵 Kde pracuješ?**
*wo (du-)arbeitest*
Wo arbeitest du?

**🎵 Čo robíš?**
*was (du-)machst*
Was ist dein Beruf?

**🎵 Pracujem v kancelárii / v obchode.**
*(ich-)arbeite in Büro(6) / in Laden(6)*
Ich arbeite in einem Büro / in einem Laden.

| 🎵 **Som ...** | Ich bin ... |
|---|---|
| *(ich-)bin* | |
| **zamestnanec / zamestnankyňa** | Angestellter/-e |
| **pracovník / pracovníčka** | Arbeiter/-in |
| **nezamestnaný / nezamestnaná** | arbeitslos |
| **lekár / lekárka** | Arzt / Ärztin |
| **roľník / roľníčka** | Bauer / Bäuerin |
| **úradník / úradníčka** | Büroangestellter/-e |
| **šéf / šéfka** | Chef/-in |
| **riaditeľ / riaditeľka** | Direktor/-in |
| **obchodník / obchodníčka** | Geschäftsmann / -frau |
| **domáca** | Hausfrau |
| **inžinier / inžinierka** | Ingenieur/-in |

*Nach dem Schrägstrich steht jeweils die weibliche Variante der Berufsbezeichnung.*

| novinár / novinárka | Journalist/-in |
| právnik / právnička | Jurist/-in |
| umelec / umelkyňa | Künstler/-in |
| učiteľ / učiteľka | Lehrer/-in |
| menežér / menežérka | Manager/-in |
| žiak / žiačka | Schüler/-in |
| študent / študentka | Student/-in |
| predavač / predavača | Verkäufer/-in |
| vedec / vedkyňa | Wissenschaftler/-in |

**Koľko máš rokov?**
*wie-viel (du-)hast Jahre(2,Mz)*
Wie alt bist du?

**Mám dvadsaťtri.**
*(ich-)habe zwanzig-drei*
Ich bin dreiundzwanzig.

**Kde bývaš?**
*wo (du-)wohnst*
Wo wohnst du?

**Bývam v hoteli / v internáte / u priateľov.**
*(ich-)wohne in Hotel(6) / in Wohnheim(6) /*
*bei Freunden(2)*
Ich wohne im Hotel / im Wohnheim /
bei Freunden.

**Páči sa ti tu?**
*gefällt sich dir(3) hier*
Gefällt es dir hier?

**Áno, páči sa mi tu.**
*ja gefällt sich mir(3) hier*
Ja, es gefällt mir hier.

**Veľmi sa mi tu páči.**
*sehr sich mir(3) hier (es-)gefällt*
Es gefällt mir sehr.

## Floskeln & Redewendungen

**W**er diese Floskeln beherrscht, wird einige Anerkennung ernten.

| | |
|---|---|
| ♪ **Čo si myslíš / myslíte?** <br> *was sich (du-)denkst / (ihr-)denkt* | Was meinst du / meinen Sie? |
| ♪ **To sa nedá.** <br> *das sich nicht-(es-)gibt(v)* | Das geht nicht. / Das ist unmöglich. |
| **Čo povieš / poviete na to?** <br> *was (du-)sagst(v) / (ihr-)sagt(v) für das* | Was sagst du / sagen Sie dazu? |
| **Podľa mňa ...** <br> *nach meiner(2)* | Meiner Meinung nach ... |
| **Nemáš / Nemáte pravdu.** <br> *nicht-(du-)hast / nicht-(ihr-)habt Wahrheit* | Du hast / Sie haben nicht Recht. |
| ♪ **(Ne)súhlasím.** <br> *(nicht-)(ich-)übereinstimme* | Ich bin (nicht) einverstanden. |
| ♪ **To je jedno.** <br> *das ist eins(s)* | Das ist egal. |
| ♪ **Čo ja viem!** <br> *was ich (ich-)weiß* | Was weiß ich! |
| ♪ **V poriadku!** <br> *in Ordnung(6)* | In Ordnung! |
| **Ale prosím ťa!** <br> *aber (ich-)bitte dich(4)* | Ich bitte dich! (= Ach, geh!) |
| ♪ **To vôbec nevadí!** <br> *das überhaupt nicht-(es-)stört* | Das macht doch nichts! |
| **Nechce sa mi.** <br> *nicht-(es-)will sich mir(3)* | Ich habe keine Lust. |
| ♪ **Uvidíme.** <br> *(wir-werden-)sehen(v)* | Mal sehen. |
| **Neverím.** <br> *nicht-(ich-)glaube* | Ich glaube es nicht. |

*Mit einem Smartphone können Sie sich die mit einem ♪ gekennzeichneten Sätze dieses Kapitels anhören.*

| | |
|---|---|
| 🎵 **No určite!** | Ja, bestimmt! *(ironisch)* |
| *ja bestimmt(Umst.)* | |
| **No vidíš!** | Na, siehst du! |
| *ja (du-)siehst* | |
| 🎵 **Čo je?** | Was ist los? |
| *was (es-)ist* | |
| 🎵 **Jak je to možné?** | Wie ist das möglich? |
| *wie (es-)ist das möglich(s)* | |
| 🎵 **To je strašné!** | Das ist furchtbar! |
| *das (es-)ist furchtbar(s)* | |
| **Čo ti šibe?** | Du spinnst doch! |
| *was dir(3) (es-)peitscht* | |
| **Daj mi pokoj!** | Lass mich in Ruhe! |
| *gib(!,v) mir(3) Ruhe(4)* | |
| **Už nevládzem!** | Ich kann nicht mehr! |
| *schon nicht-(ich-)vermöge* | |

| | | |
|---|---|---|
| **ale áno!** | *aber ja* | doch! |
| **ale nie!** | *aber nein* | doch nicht! |
| **aj ja!** | *auch ich* | ich auch! |
| **ani ja!** | *auch-nicht ich* | ich auch nicht! |

# Unterwegs

**H**ier die wichtigsten Floskeln, um sich in einer fremden Stadt erst mal zu orientieren.

## in der Stadt

🎵 **Prosím Vás pekne ...**
*(ich-)bitte euch(4) schön(Umst.)*
Entschuldigen Sie bitte ...

### 🎵 ... kde je staré mesto?

*... wo (sie-)ist Altstadt*
... wo ist die Altstadt?

| | | | |
|---|---|---|---|
| **diaľnica** | Autobahn | **krčma** | Kneipe |
| **banka** | Bank | **cukráreň** | Konditorei |
| **knižnica** | Bibliothek | **konzulát** | Konsulat |
| **bufet** | Imbissstube | **obchod** | Laden |
| **hrad** | Burg | **múzeum** | Museum |
| **kancelária** | Büro | **polícia** | Polizei |
| **autobusová stanica** | Busbahn- hof | **pošta** | Postamt |
| **kaviareň** | Café | **reštaurácia** | Restaurant |
| **cintorín** | Friedhof | **škola** | Schule |
| **hlavná stanica** | Haupt- bahnhof | **centrum / stred mesta** | Stadtmitte |
| **dom** | Haus | **synagóga** | Synagoge |
| **kino** | Kino | **divadlo** | Theater |
| **kostol** | Kirche | **vináreň** | Weinstube |

### 🎵 Hľadáme nemecký konzulát.

*(wir-)suchen deutsches(4) Konsulat(4)*
Wir suchen das deutsche Konsulat.

### 🎵 Ako ďaleko je to odtiaľto?

*wie weit(Umst.) ist das von-hier*
Wie weit ist das von hier?

### 🎵 Nemôžete to ukázať na mape / pláne mesta?

*nicht-(ihr-)könnt das(4) zeigen(v) auf Karte(6) / Plan(6) Stadt(2)*
Könnten Sie das bitte auf der Karte / dem Stadtplan zeigen?

**♪ Je tu blízko reštaurácia?**
*(es-)ist hier nah(Umst.) Restaurant*
Ist hier in der Nähe ein Restaurant?

**♪ Neviem, prepáčte.**
*nicht-(ich-)weiß verzeiht(!,v)*
Ich weiß nicht, Verzeihung!

## Orientierung / Richtungshinweise

| | | | |
|---|---|---|---|
| **semafor** | Ampel | **ulica** | Straße |
| **most** | Brücke | **podchod** | Unterführung |
| **fontána** | Brunnen | **východ** | Ausgang |
| **pamätník** | Denkmal | **vchod** | Eingang |
| **budova** | Gebäude | **chodba** | Gang, Korridor |
| **križovatka** | Kreuzung | **číslo päť** | Nummer 5 |
| **obchod** | Laden | **vrátnica** | Pforte |
| **námestie** | Platz | **poschodie** | Stockwerk |
| **socha** | Statue | **dvere** *(Mz)* | Tür |

*Richtungshinweise sind schwierig zu geben und zu verstehen, auch in der eigenen Sprache. Falls man darauf angewiesen ist, sich auf Slowakisch zu verständigen, hier einige der wichtigsten Hinweise.*

| | | |
|---|---|---|
| **najprv ...** | **potom ...** | **predtým ...** |
| zuerst ... | dann, nachher ... | vorher ... |

| | | |
|---|---|---|
| **choďte!** | *geht(!)* | gehen Sie! |
| **cez most** | *über Brücke(4)* | über die Brücke |
| **cez ulicu** | *über Straße(4)* | über die Straße |
| **zabočte!** | *abbiegt(!,v)* | biegen Sie ab! |
| **pozrite sa!** | *schaut(!,v) sich* | schauen Sie! |
| **choďte ďalej!** | *geht(!) weiter* | gehen Sie weiter! |

| | | | |
|---|---|---|---|
| **vpravo** | rechts | **tu, tuto** | hier |
| **doprava** | nach rechts | **sem** | hierher |
| **vľavo** | links | **tam, tamto** | dort(hin) |
| **doľava** | nach links | | |

| | |
|---|---|
| **blízko** | nah, in der Nähe |
| **ďaleko – ďalej** | weit – weiter |
| **hneď vedľa** *(+ 2)* | genau neben |
| **oproti** *(+ 3)* | gegenüber |
| **za rohom** *hinter Ecke(7)* | um die Ecke |
| **na rohu** *an Ecke(6)* | an der Ecke |
| **rovno** | geradeaus |
| **naspäť** | zurück |
| **na druhej strane** *auf zweiter(7) Seite(7)* | auf der anderen Seite |
| **na ľavej strane** *auf linker(7) Seite(7)* | auf der linken Seite |
| **na pravej strane** *auf rechter(7) Seite(7)* | auf der rechten Seite |

## Hinweisschilder

| | |
|---|---|
| **Pozor!** | Achtung! |
| **Zákaz fajčiť!** | Rauchen verboten! |
| **Vstup zakázaný!** | Eintritt verboten! |
| **otvorené** | geöffnet |
| **zatvorené** | geschlossen |
| **Zatvárajte dvere!** | Türe schließen! |
| **tam – sem** *dorthin – hierhin* | drücken – ziehen |
| **vchod – východ** | Eingang – Ausgang |
| **vchod vo dvore** | Eingang im Hof |
| **Pozor schody!** | Achtung Stufen! |
| **pokladnica** | Kasse |
| **rezervované** | reserviert |
| **obsadené** | besetzt |

### mit Bus & Bahn

*Für innerstädtische Busse, Straßenbahnen sowie O-Busse kauft man die Karten an Zeitungskiosken (nicht beim Fahrer). An einigen Haltestellen stehen Fahrscheinautomaten. Die Strafe fürs Schwarzfahren ist saftig und nicht zu empfehlen! In Pressburg gibt es auch 24- und 72-Stunden-Fahrkarten.*

Zwischen Städten und kleinen Dörfern gibt es meistens gute Busverbindungen. Auch zwischen großen Städten fährt man mit vielen Bussen oft schneller und bequemer als mit dem Zug. In jedem Ort gibt es einen Busbahnhof, aber in der Regel halten die Busse auch an mehreren Haltestellen. Die Fahrkarten für Fernverkehrsbusse kann man zwar auch beim Fahrer kaufen; für längere Strecken sollte man sich die Fahrkarten jedoch einen Tag vorher am Busbahnhof besorgen.

| | |
|---|---|
| **autobus** | Bus |
| **autobusová stanica** | Busbahnhof |
| **trolejbus** | O-Bus |
| **električka** | Straßenbahn |
| **zastávka** | Haltestelle |

🕉 **Máte lístky na autobus?**
*(ihr-)habt Karten(4) auf Bus(4)*
Haben Sie Karten für den Bus?

🕉 **Kde stojí autobus do … ?** *(+ 2. Fall)*
*wo (er-)steht Bus nach*
Wo hält der Bus nach … ?

🕉 **Kam chcete ísť?**
*wohin (ihr-)wollt gehen*
Wohin wollen Sie gehen / fahren?

🔊 **Chceme ísť do ...** *(+ 2. Fall)*
*(wir-)wollen gehen nach*
Wir wollen nach ... gehen.

| | |
|---|---|
| **vlak** | Zug |
| **rýchlik** | Schnellzug |
| **spací vozeň** | Schlafwagen |
| **(hlavná) stanica** | (Haupt-)Bahnhof |
| **príchod – odchod** | Ankunft – Abfahrt |
| **lístok** | Karte |
| **miestenka** | Platzkarte |
| **lôžko** *(Bett)* | Platzkarte f. Schlafwagen |
| **cena** | Preis |
| **číslo** | Nummer |
| **linka** | Linie |
| **nástupište – koľaj** | Bahnsteig – Gleis |
| **nastúpiť** *(v)* **(nastúpim)** | einsteigen |
| **vystúpiť** *(v)* **(vystúpim)** | aussteigen |
| **prestúpiť** *(v)* **(prestúpim)** | umsteigen |
| **stihnúť** *(v)* **(stihnem)** | erreichen |
| **platiť (platím)** | bezahlen |

🔊 **Prosím si, jeden lístok / dva lístky /
päť lístkov do ...** *(+ 2. Fall)*
*(ich-)bitte sich, eine(m) Karte / zwei Karten /
fünf Karten(2) nach*
1 Karte / 2 Karten / 5 Karten nach ... , bitte.

| | |
|---|---|
| **Banskej Bystrice** | Neusohl |
| **Bratislavy** | Pressburg |
| **Košíc** | Kaschau |
| **Popradu** | Poprad |
| **Prahy** | Prag |
| **Viedne** | Wien |
| **Žiliny** | Sillein |

# Unterwegs

*Für Züge, die mit einem „R" auf dem Fahrplan gekennzeichnet sind, braucht man eine Platzreservierung (miestenka). Ansonsten braucht man keine Platzkarten zu kaufen. Für den Schlafwagen benötigt man eine Schlafwagen-Platzkarte (lôžko).*

### Tam aj späť.
*dorthin auch zurück*
Hin und zurück.

### Len tam.
*nur dorthin*
Einfache Fahrt.

### Treba si kúpiť miestenku?
*man-muss sich kaufen(v) Platzkarte(4)*
Braucht man eine Platzkarte?

### Kde si kúpime miestenku?
*wo sich (wir-)kaufen(v) Platzkarte(4)*
Wo bekommen wir Platzkarten?

### Koľko trvá cesta?
*wie-viel (sie-)dauert Reise*
Wie lange dauert die Reise?

### Budeme musieť prestúpiť?
*(wir-)werden müssen umsteigen(v)*
Müssen wir umsteigen?

| Sadnite si! | *setzt(!) sich* | Nehmen Sie Platz! |
| Dovolíte? | *(ihr-)erlaubt(v)* | Darf ich mal durch? |
| Vystupujem! | *(ich-)aussteige* | Ich steige aus! |

### Mohli by ste mi povedať, ...
*gekonnt(Mz) MÖGL. (ihr-)seid mir(3) sagen(v)*
Könnten Sie mir sagen, ...

### ... keď prídeme na ... ? *(+ 4. Fall)*
*... wenn (wir-)kommen(v) auf ...*
... wenn wir in ... ankommen?

### ... kedy mám vystúpiť?
*... wann (ich-)habe aussteigen(v)*
... wann ich aussteigen muss?

## mit dem Taxi

| | | | |
|---|---|---|---|
| **taxík** | Taxi | **pán šofér!** | Herr Fahrer! |
| **šofér** | Fahrer | **pani šoférka!** | Frau Fahrerin! |

Taxis sind für slowakische Verhältnisse ziemlich teuer. Da die meisten öffentlichen Verkehrsmittel nur bis 24 Uhr fahren, muss man sich ein Taxi nehmen, wenn man nach Mitternacht heimkehren will.

*Ein freies Taxi winkt man vom Straßenrand heran (wenn man nicht gerade an einer Taxi-Haltestelle steht). Als Trinkgeld rundet man den Preis einfach auf.*

**⌕ Kam idete?**
*wohin (ihr-)geht*
Wohin wollen Sie?

**⌕ Kam Vás odveziem?**
*wohin euch(4) (ich-)fahre(v)*
Wohin soll ich Sie fahren?

| | |
|---|---|
| **⌕ na hlavnú stanicu** | zum Hauptbahnhof |
| *auf hauptsächlichen(4) Bahnhof(4)* | |
| **na autobusovú stanicu** | zum Busbahnhof |
| *auf Autobus(4) Bahnhof(4)* | |
| **na letisko** | zum Flughafen |
| *auf Flughafen(4)* | |
| **do stredu mesta** | zum Stadtzentrum |
| *nach Zentrum(2) Stadt(2)* | |
| **na Bajkalskú ulicu päť** | in die Bajkal-Str. 5 |
| *auf Bajkal(4) Straße(4) fünf(4)* | |
| **na Šafárikovo námestie** | zum Šafárik-Platz |
| *auf Šafárik(4) Platz(4)* | |

**⌕ Tu / Tamto môžem vystúpiť.**
*hier / dort (ich-)kann aussteigen*
Ich kann hier / dort aussteigen.

**Počkajte tu chvíľu!**
*wartet(!) hier Weile(4)*
Warten Sie hier einen Moment!

## mit dem eigenen Wagen

| | |
|---|---|
| **auto** | Auto |
| **šofér / šoférka** | Fahrer/-in |
| **čerpadlo** | Tankstelle |
| **opravovňa áut** | Werkstatt |
| **šoférovať (šoférujem)** | fahren *(Auto)* |
| **parkovať (parkujem)** | parken |
| **opraviť** *(v)* **(opravím)** | reparieren |
| **odtiahnuť** *(v)* **(odtiahnem)** | abschleppen *(Auto)* |
| **rozbitý** | zerbrochen |
| **pokazený** | kaputt |
| **benzín** | Benzin |

🎵 **Je tu blízko čerpadlo / opravovňa áut?**
*ist hier nah(Umst.) Tankstelle / Werkstatt Autos(2)*
Gibt es hier in der Nähe eine Tankstelle /
Autowerkstatt?

🎵 **Dvadsať litrov normálu.**
*zwanzig Liter(2,Mz) Normalbenzin(2)*
Zwanzig Liter Normalbenzin, bitte.

🎵 **Do plna!**
*nach voll(2)*
Volltanken, bitte!

| | |
|---|---|
| **normal** | Normalbenzin |
| **super** | Super |
| **nafta** | Diesel |
| **olej** | Öl |
| **kanister, bandaska** | (Ersatz-)Kanister |
| **náhradná súčiastka** | Ersatzteil |

§ **Máme poruchu.**
*(wir-)haben Panne(4)*
Wir haben eine Panne.

**Dostali sme defekt.**
*bekommen(Mz) (wir-)sind Panne(4)*
Wir haben eine Panne gehabt.

§ **Myslím si, že ... nefunguje.**
*(ich-)glaube sich dass ... nicht-funktioniert*
Ich glaube, ... funktioniert nicht.

| | |
|---|---|
| **výfuk** | Auspuff |
| **batéria** | Batterie |
| **blinker, smerovka** | Blinker |
| **brzdy** *(Mz)* | Bremsen |
| **brzdová kvapalina** | Bremsflüssigkeit |
| **náhradné súčiastky** | Ersatzteile |
| **chod** | Gang |
| **akcelerátor** | Gaspedal |
| **rýchlostná skriňa** | Getriebe |
| **kábel** | Kabel |
| **klinový remeň** | Keilriemen |
| **chladič** | Kühler |
| **spojka** | Kupplung |
| **lampa** | Lampe |
| **riadenie** | Lenkung |
| **matica (na skrutke)** | (Schrauben-)Mutter |
| **pneumatika** | Reifen |
| **stierač** | Scheibenwischer |
| **reflektor** | Scheinwerfer |
| **trubica** | Schlauch |
| **skrutka** | Schraube |
| **skrutkovač** | Schraubenzieher |
| **poistka** | Sicherung |

| tlmič nárazov | Stoßdämpfer |
|---|---|
| ventil | Ventil |
| ventilátor | Ventilator |
| karburátor | Vergaser |
| zdvihák | Wagenheber |
| zapaľovacia sviečka | Zündkerze |
| zapaľovanie | Zündung |

🔊 **Môžete ma odtiahnuť?**
*(ihr-)könnt mich(4) abschleppen(v)*
Können Sie mich abschleppen?

🔊 **Môžete to opraviť?**
*(ihr-)könnt das(4) reparieren(v)*
Können Sie das reparieren?

🔊 **Koľko to / oprava bude stáť?**
*wie-viel das / Reparatur(4) (es-)wird kosten*
Wie viel wird das kosten?

🔊 **Kedy to bude hotové?**
*wann das (es-)wird fertig*
Wann ist es fertig?

🔊 **Mali sme nehodu.**
*gehabt(Mz) (wir-)sind Unfall(4)*
Wir haben einen Unfall gehabt.

🔊 **Zavolajte políciu, prosím Vás!**
*anruft(!,v) Polizei(4) (ich-)bitte euch(4)*
Rufen Sie bitte die Polizei an!

🔊 **Potrebujeme sanitku / lekára.**
*(wir-)brauchen Rettungswagen(4) / Arzt(4)*
Wir brauchen einen Rettungswagen / Arzt.

# Übernachten

**M**oderne Hotels, die hauptsächlich auf internationale Touristen und Geschäftsreisende abzielen, sind natürlich teurer, aber dafür sind sie bequemer und besser ausgestattet.

## im Hotel

| | |
|---|---|
| **hotel** | Hotel |
| **ubytovanie** | Unterkunft |
| **internát** | Wohnheim |
| **prenocovať** *(v)* **(prenocujem)** | übernachten |

| | |
|---|---|
| **Chýba ešte ...** | Es fehlt / fehlen noch |
| *(es-)fehlt noch* | (ein/e) ... |
| **posteľ, lôžko** | Bett |
| **perina** | Bettdecke |
| **posteľná bielizeň** | Bettwäsche |
| **vankúš** | Kissen |
| **kľúč** | Schlüssel |
| **stolička – stôl** | Stuhl – Tisch |
| **pitná voda** | Trinkwasser |
| **teplá voda** | warmes Wasser |
| **studená voda** | kaltes Wasser |

| | |
|---|---|
| **♪ Máte ... ?** | Haben Sie ... ? *(+ 4. Fall)* |
| *(ihr-)habt* | |
| **Chcel / Chcela by som ...** | Ich möchte ... *(+ 4. Fall)* |
| *gewollt(m/w) MÖGL. (ich-)bin* | |
| **♪ Chceli by sme ...** | Wir möchten ... *(+ 4. Fall)* |
| *gewollt(Mz) MÖGL. (wir-)sind* | |
| **♪ Koľko stojí ... ?** | Wie viel kostet ... ? |
| *wie-viel kostet* | |

*Die billigsten Preise (sowie spartanische Ausstattung) findet man in den Studentenwohnheimen, die im Sommer als Jugendherbergen dienen.*

| | |
|---|---|
| **jednu izbu / dve izby** | ein / zwei Zimmer |
| *ein(w,4) Zimmer(4) / zwei(w,4) Zimmer(4,Mz)* | |
| **jedno lôžko / dve lôžka** | ein Bett / zwei Betten |
| *ein(s,4) Bett(4) / zwei(s,4) Betten(4)* | |
| 🔊 **dvojposteľovú izbu** | ein Zweibettzimmer |
| *zwei-Bett(w,4) Zimmer(4)* | |
| **trojposteľovú izbu** | ein Dreibettzimmer |
| *drei-Bett(w,4) Zimmer(4)* | |
| **s WC („sweze")** | mit Toilette |
| *mit Toilette(7)* | |
| 🔊 **so sprchou** | mit Dusche |
| *mit Dusche(7)* | |
| **s kúpeľňou** | mit Bad |
| *mit Bad(7)* | |
| **s televízorom** | mit Fernseher |
| *mit Fernseher(7)* | |
| **s raňajkami** | mit Frühstück |
| *mit Frühstück(7)* | |
| **aj s obedom** | auch mit Mittagessen |
| *auch mit Mittagessen(7)* | |
| **na jednu noc** | für eine Nacht |
| *für ein(w,4) Nacht(4)* | |
| 🔊 **na pár dní** | für ein paar Tage |
| *für Paar(4) Tage(2)* | |
| **na jeden týždeň** | für eine Woche |
| *für ein(m,4) Woche(4)* | |

🔊 **Môžem si izbu pozrieť?**
*(ich-)kann sich Zimmer(4) anschauen(v)*
Kann ich das Zimmer mal anschauen?

**O koľkej sa zamyká brána / vchod?**
*um wievielte(6) sich zuschließt Tor / Eingang*
Um wie viel Uhr schließt man das Tor /
den Eingang?

## auf dem Campingplatz

Kampieren darf man nur auf offiziell bezeich-
neten Campingplätzen. Man sollte in Buch-
handlungen nach Landkarten fragen, auf de-
nen Campingplätze eingezeichnet sind. Reise-
büros können auch Informationen über
Campingplätze geben.

| | |
|---|---|
| **miesto na táborenie,** *Platz auf Lagern* **táborisko** | Lager-, Campingplatz |
| **kemping, camping** | Camping |
| **autokemping** | Autocamping |
| **obytný príves** | Wohnwagen |
| **karavan** | Wohnmobil |
| **táborový oheň, táborák** *lagerisches Feuer* | Lagerfeuer |
| **stan** | Zelt |
| **varič** | Kocher |
| **spací vak, spacák** *schlafiger Sack* | Schlafsack |
| **baterka** | Taschenlampe |
| **stanovať (stanujem)** | zelten |
| **táboriť (táborím)** | lagern |
| **kempovať (kempujem)** | kampieren |

**🕭 Môžeme tu táboriť?**
*(wir-)können hier lagern*
Dürfen wir hier kampieren?

**🕭 Môžem sa u Vás umyť?**
*(ich-)kann sich bei euch(4) waschen*
Kann ich mich bei Ihnen waschen?

## Essen & Trinken

*Mit einem Smart-phone können Sie sich die mit einem 🔊 gekennzeichneten Sätze dieses Kapitels anhören.*

**G**ute Restaurants oder Weinstuben gibt es zwar genug, aber die Suche nach einem Lokal kann ein bisschen problematisch sein, da viele Lokale (auch am Wochenende) nur bis 20 oder 21 Uhr geöffnet haben.

| | |
|---|---|
| **raňajky** *(Mz)* | Frühstück |
| **obed** | Mittagessen |
| **studené jedlá** *(Mz)* | kalte Speisen |
| **olovrant** | Kaffeetrinken |
| **večera** | Abendessen |
| **teplé jedlá** *(Mz)* | warme Speisen |

| | | | |
|---|---|---|---|
| **kaviareň** | Café | **cukráreň** | Konditorei |
| **hostinec** | Gaststätte | **reštaurácia** | Restaurant |
| **bufet** | Imbiss | **vináreň** | Weinstube |
| **krčma** | Kneipe | | |

| | | | |
|---|---|---|---|
| **hladný** | hungrig | **jesť (jem)** | essen |
| **smädný** | durstig | **piť (pijem)** | trinken |
| **chutiť** | schmecken | **chutí** | es schmeckt |
| **objednať** *(v)* | bestellen | **platiť** | bezahlen |
| **(objednám)** | (ich bestelle) | **(platím)** | (ich bezahle) |

*Die Eingänge vieler Lokale sind unauffällig oder befinden sich in einem Hof versteckt. Wenn man ein Restaurant sucht, muss man also häufig jemanden fragen.*

### im Restaurant

Die Angebote slowakischer Restaurants sind ähnlich wie in Restaurants anderswo in Mitteleuropa. Als Vorspeise isst man Fleischbrühe, Hühnersuppe, Gemüsesuppe usw. Man kann überall ein Omelett oder Palatschinken (palacinky) bestellen.

Essen & Trinken

| čašník | čašníčka | pán hlavný! |
|--------|----------|-------------|
| Kellner | Kellnerin | Herr Ober! |

**Čo si prajete?**
*was sich (ihr-)wünscht*
Was wünschen Sie?

**🍸 Môžete nám doniesť jedálny lístok?**
*(ihr-)könnt uns(3) bringen(v) speisige(4) Karte(4)*
Können Sie uns die Speisekarte bringen?

**🍸 Máte jedálny lístok v nemčine?**
*(ihr-)habt speisige(4) Karte(4) auf deutsch(6)*
Haben Sie eine Speisekarte auf Deutsch?

**🍸 Čo Vám donesiem?**
*was euch(3) (ich-)bringe(v)*
Was kann ich Ihnen bringen?

**Ešte vyberáme.**
*noch (wir-)aussuchen*
Wir suchen noch etwas aus.

**Doneste nám ešte ... !** *(+ 4. Fall)*
*bringt(!) uns(3) noch*
Bringen Sie bitte noch ... !

*Die berühmteste slowakische Spezialität ist* bryndzové halušky, *eine Art Nockerln mit Brimsenkäse und kleinen Stückchen Speck. Dazu trinkt man* žinčica *(Schafsmolke).*

| | | | |
|---|---|---|---|
| **popolník** | Aschenbecher | **olej** | Öl |
| **príbor** | Besteck | **čierne korenie** | Pfeffer |
| **chleba** | Brot | **účet** | Rechnung |
| **ocot** | Essig | **soľ** *(w)* | Salz |
| **vidličku** | Gabel | **horčicu** | Senf |
| **pohár** | Glas | **šálku** | Tasse |
| **lyžičku** | Löffel | **tanier** | Teller |
| **nôž** | Messer | **cukor** | Zucker |

*In vielen Restaurants gibt es zwei- oder dreisprachige Speisekarten und manchmal eine spezielle Speisekarte auf Deutsch. In Touristenzentren reichen die Deutschkenntnisse der Kellner aus, um die Speisen zu erklären.*

🎵 **Prosím si vyprážaný syr.**
*(ich-)bitte sich gebratenen(4) Käse(4)*
Gebratenen Käse, bitte.

🎵 **Bohužiaľ, nemáme.**
*leider nicht-(wir-)haben*
Das haben wir (heute) leider nicht.

🎵 **Čo nám odporúčate?**   🎵 **Odporúčam ...** *(+ 4)*
*was uns(3) (ihr-)empfehlt   (ich-)empfehle*
Was empfehlen Sie uns? Ich empfehle ...

🎵 **Môže byť.**              **A čo k tomu?**
*(es-)kann sein*           *und was zu dem(3)*
Ja, gut.                   Und was dazu?

🎵 **A niečo na pitie?**
*und etwas auf Trinken(4)*
Wollen Sie etwas zum Trinken?

🎵 **Minerálku si prosím.**
*Mineralwasser(4) sich (ich-)bitte*
Mineralwasser, bitte.

## am Imbissstand *(bufet)*

| 🎵 **Prosím si ...** *(+ 4. Fall)* | Ich hätte gerne ... |
|---|---|
| *(ich-)bitte sich* | |
| **jeden hot dog** | einen Hot Dog |
| **dve zapekačky** | zwei überbackene Brötchen |
| **hranolky** | Pommes frites |
| **jednu pizzu** | ein (Stück) Pizza |
| **jednu palacinku** | einen Palatschinken |

| | |
|---|---|
| **dvakrát kukuricu** | zweimal Maiskolben |
| **cigánsku pečienku** | Zigeunerbraten |
| *Schweinebraten mit Brotscheibe* | |
| **jednu klobásu ...** | ein Würstchen ... |
| **... s horčicou** *(7. Fall)* | ... mit Senf |
| **... s kečupom** | ... mit Ketchup |
| **... so syrom** | ... mit Käse |
| **... s tatárskou omáčkou** | ... mit Remoulade |
| **... so šunkou** | ... mit Schinken |

🍷 **Jednu zeleninovú polievku.**
*eine(4) Gemüse(4) Suppe(4)*
Eine Gemüsesuppe.

🍷 **A čo ešte?**
*und was noch*
Und was noch?

**Dva také chlebíčky.**
*zwei solche Brötchen*
Zwei dieser belegten Brötchen.

**Nemáte servítky?**
*nicht-habt Servietten(4)*
Haben Sie vielleicht Servietten?

🍷 **Desať deka toho šalátu a dve pečivá.**
*zehn Dekagramm dieses(2) Salats(2) und zwei(s,4) Brötchen(4,Mz)*
100 g von diesem Salat und zwei Brötchen.

**Na tanier?**
*auf Teller(4)*
Auf einem Teller?

**Nie. Môžete to zabaliť?**
*nein könnt das einpacken(v)*
Nein. Können Sie das einpacken?

🍷 **Jeden tanier tamtoho.**
*einen(4) Teller(4) jenes(2)*
Einen Teller von dem da.

*Einer der populärsten Speisen in einem Schnellimbiss ist* langoš, *eine große Scheibe fritierter Teig, die mit Knoblauch und manchmal auch mit Ketchup oder Käse bestrichen wird.*

# Essen & Trinken

## Speisen

### Brot & Frühstück

Hotové jedlá *(fertige Speisen)* sind Gerichte, die jeden Tag vorbereitet werden und bei Wunsch einfach nur auf den Teller gefüllt werden.

| chlieb | Brot | syr | Käse |
|---|---|---|---|
| žemľa | Brötchen | lekvár, džem | Konfitüre |
| chlebíček | belegtes Brötchen | vajce, vajíčko | Ei |
| marmeláda | Marmelade | mlieko | Milch |
| maslo | Butter | mak | Mohn |
| vajce | Ei | tvaroh | Quark |
| pečivo | Gebäck | smotana | Sahne |
| med | Honig | šunka | Schinken |
| rožok | Hörnchen | saláma | Wurst |

### Suppe (polievka)

| kuracia polievka | Hühnersuppe |
|---|---|
| šošovicová polievka | Linsensuppe |
| hovädzí vývar | Rinderbrühe |
| fazuľová polievka | Bohnensuppe |
| guláš | Gulasch |

### Vorspeisen (predjedlá)

| šunkový nárez | Schinkenaufschnitt |
|---|---|
| syrový nárez | Käseaufschnitt |
| omeleta | Omelett |
| zapečený toast | gerösteter Toast |
| vajcia do skla *Eier nach Glas(2)* | weichgekochtes Ei |
| hemendex | „Ham and eggs": Schinken und gebratene Eier |
| klobása | Wurst, Bratwurst |

### Fleisch, Geflügel & Fisch

| mäso | Fleisch | rezeň | Schnitzel |
|---|---|---|---|
| bravčové mäso | Schweinefleisch | | |
| hovädzie mäso | Rindfleisch | hydina | Geflügel |
| teľacie mäso | Kalbfleisch | kura | Hühnchen |
| šunka | Schinken | moriak | Pute |
| pečeň | Leber | hus | Gans |
| filé | Filet | ryba | Fisch |

| | | | | |
|---|---|---|---|---|
| **príloha** | Beilage | **halušky** *(Mz)* | Nockerln | **Gemüse, Getreide & Beilagen** |
| **fazuľa** *(Ez!)* | Bohnen | **rezance** *(Mz)* | Nudeln | |
| **hrášok** *(Ez!)* | Erbsen | **huba** | Pilz | |
| **zelenina** | Gemüse | **hranolky** *(Mz)* | Pommes | |
| **uhorka** | Gurke | **ryža** | Reis | |
| **zemiaky** *(Mz)* | Kartoffeln | **šalát** | Salat | |
| **knedle** *(Mz)* | Knödel | **paradajka** | Tomate | |
| **kapusta** | Kohl | | | |

| | | |
|---|---|---|
| **pečený, zapečený, opekaný** | gebacken, geröstet | **Zubereitungsarten** |
| **varený – vyprážaný** | gekocht – gebraten | |
| **dusený – miešaný** | gedünstet – gemischt | |
| **soté – pikantný** | sautiert – pikant | |
| **obloženie, obloha** | Garnierung | |
| **vegetariánsky** | vegetarisch | |

| | | | | |
|---|---|---|---|---|
| **zmrzlina** | Eis | **puding** | Pudding | **Dessert** |
| **koláč** | Kuchen | **torta** | Torte | |
| **múčnik** | Nachtisch | **šľahačka** | Schlagsahne | |

| | | | | |
|---|---|---|---|---|
| **jablko** | Apfel | **malina** | Himbeere | **Obst** |
| **pomaranč** | Apfelsine | **čerešňa** | Kirsche | |
| **marhuľa** | Aprikose | **melón** | Melone | |
| **banán** | Banane | **ovocie** | Obst | |
| **hruška** | Birne | **broskyňa** | Pfirsich | |
| **jahoda** | Erdbeere | **slivka** | Pflaume | |
| **grep** | Grapefruit | **hrozno** *(Ez)* | Traube | |
| **čučoriedka** | Heidelbeere | **citrón** | Zitrone | |

## Getränke

| | |
|---|---|
| **presso** | Espresso |
| **Turecká káva** | Türkischer Kaffee (Kaffee mit gemahlenen Bohnen auf dem Tassenboden) |

*Jedlá na objednávku (Speisen auf Bestellung) werden erst dann zubereitet, wenn man sie bestellt. Sie sind teurer und dauern ein bisschen länger.*

| | |
|---|---|
| **Viedenská káva** | Wiener Kaffee (Kaffee mit Schlagsahne) |
| **Kapucín** | Cappuccino (manchmal nur Kaffee mit Milch) |
| **Parížska káva** | Pariser Kaffee (Kaffee mit Schokolade) |
| **Alžírska káva** | Algerischer Kaffee (Kaffee mit Eierlikör) |
| **čaj s citrónom** | Tee mit Zitrone |
| **sóda** | Sodawasser |
| **tonik** | Tonic Water |
| **minerálka** | Mineralwasser |
| **strik** | Gespritzter (Wein mit Mineralwasser) |
| **kofola** | *(ähnlich wie)* Cola |
| **pomarančový džús** | Orangensaft |
| **citrónový džús** | Zitronensaft |

| | | | |
|---|---|---|---|
| **pivo** | Bier | **sudové** | vom Fass |
| **biele víno** | Weißwein | **šampanské** | Sekt |
| **červené víno** | Rotwein | **vodka** | Wodka |

| | |
|---|---|
| **jednu šálku / dve šálky** | eine Tasse / zwei Tassen |
| **jeden pohár / dva poháre** | ein Glas / zwei Gläser |
| **dva deci / tri deci** | 0,2 l / 0,3 l |

## Bezahlen

🕭 **Zaplatíme, prosím.**
*(wir-)bezahlen(v) (ich-)bitte*
Zahlen, bitte.

🕭 **Koľko to bude?**
*wie-viel das (es-)wird*
Was macht das?

🕭 **Všetko spolu?**
*alles zusammen*
Alles zusammen?

Die Rechnungssumme rundet man etwas auf, um dem Kellner Trinkgeld zu geben. Wenn man den genauen Betrag (inkl. Trinkgeld) bar hat, dann sagt man beim Bezahlen einfach:

🎵 **Ďakujem pekne, to je v poriadku.**
*(ich-)danke schön(Umst.) das ist in Ordnung(6)*
Danke schön, das ist in Ordnung.

### Reklamieren

**To som si neobjednal / neobjednala.**
*das (ich-)bin sich nicht-bestellt(m/w)*
Das habe ich nicht bestellt.

**Koľko stál ten šalát?**
*wie-viel gekostet(m) der Salat*
Wie viel hat der Salat gekostet?

**Čo stálo dvadsať eur?**
*was gekostet(s) zwanzig Euro(2)*
Was hat 20 Euro gekostet?

**Jedlo bolo príliš slané / pikantné.**
*Essen gewesen(s) zu salzig / scharf*
Das Essen war zu salzig / scharf.

**Jedlo je / bolo studené.**
*Essen (es-)ist / gewesen(s) kalt*
Das Essen ist / war kalt.

*An Imbissständen und in kleineren Lokalen muss man sich meistens auf Slowakisch verständigen. Dieses Bemühen wird auch dankbar zur Kenntnis genommen. Kommunikationsprobleme kann man immer durch freundliches Verhalten überbrücken.*

## Einkaufen

*Mit einem Smartphone können Sie sich die mit einem 🎧 gekennzeichneten Sätze dieses Kapitels anhören.*

**D**ie Zeiten der Mangelwirtschaft sind in der Slowakei schon lange vorbei. Mittlerweile sind die großen internationalen Super- und Hypermarktketten mit riesigen Einkaufszentren auf der grünen Wiese vertreten; diese sind auch am Sonntag, und einige sogar rund um die Uhr geöffnet. Aber auch die Preise gleichen sich denen bei uns immer mehr an.

| | |
|---|---|
| **lekáreň** | Apotheke |
| **pekáreň** | Bäckerei |
| **kníhkupectvo** | Buchhandlung |
| **drogéria** | Drogerie |
| **domáce potreby** *(Mz)* | Haushaltswaren |
| **obchodný dom** | Kaufhaus |
| **odevy** *(Mz)* | Kleidung |
| **obchod** | Laden |
| **potraviny** *(Mz)* | Lebensmittel |
| **ovocie – zelenina** | Obst – Gemüse |
| **cestovná kancelária** | Reisebüro |
| **klenoty** *(Mz)* | Schmuck |
| **papiernictvo** | Schreibwaren |
| **obuv** | Schuhe |

| **zatvorené** | **otvorené** | **vypredané** |
|---|---|---|
| geschlossen | geöffnet | ausverkauft |

| | |
|---|---|
| **predavačka** | Verkäuferin |
| **pokladnica** | Kasse |
| **samoobsluha** | Selbstbedienung |
| **drobné** *(Mz)* | Klein- / Wechselgeld |

**Vstup len s nákupnými košíkmi!**
Eintritt nur mit Einkaufskörben!

| | | | |
|---|---|---|---|
| **kúpiť si (kúpim si)** *(v)* | kaufen | | |
| **nakúpiť (nakúpim)** *(v)* | einkaufen | | |
| **predávať (predávam)** | verkaufen | | |
| **zaplatiť (zaplatím)** *(v)* | bezahlen | | |

| | | | |
|---|---|---|---|
| **drahý** | teuer | **lacný** | billig |
| **malý** | klein | **menší** | kleiner |
| **veľký** | groß | **väčší** | größer |

*Selbstbedienungs-geschäfte darf man nur mit einem Einkaufskorb betreten, und häufig muss man in einer Schlange warten, bis man einen Korb von einem hinausgehenden Kunden bekommt. In Kaufhäusern muss man an den Eingängen der einzelnen Abteilungen warten.*

🎵 **Prosím si polku chleba.**
*(ich-)bitte sich Hälfte(4) Brotes(2)*
Ein halbes Brot, bitte.

🎵 **Koľko / Čo to stojí?**
*wie-viel / was das (es-)kostet*
Wie viel kostet das?

🎵 **Prosím si štvrť kila tohto syra.**
*(ich-)bitte sich Viertel(4) Kilo(2) dieses(2) Käses(2)*
Ein Viertel Kilo dieses Käses, bitte.

🎵 **Hneď to bude.**
*sofort das (es-)wird*
Ich mach' mich gleich daran.

🎵 **Nemáte drobné?**
*nicht-habt Kleingelder(4,Mz)*
Haben Sie kein Kleingeld?

🎵 **Kde by som si mohol / mohla kúpiť ... ?**
*(+ 4. Fall)*
*wo MÖGL. (ich-)bin sich gekonnt(m/w) kaufen*
Wo könnte ich ... kaufen?

# Einkaufen

**Kde máte šampón?**
*wo habt Shampoo(4)*
Wo haben Sie
Shampoo?

**🎵 Prosíte si tašku?**
*(ihr-)bittet sich Tasche(4)*
Möchten Sie eine
Tasche?

**🎵 Bude to všetko?**
*(es-)wird das alles*
Ist das alles?

**🎵 To je všetko.**
*das (es-)ist alles*
Das ist alles.

**Ďalší!**
*nächster*
Der Nächste!

## Markt

| trh | Markt | blší trh | Flohmarkt |
|---|---|---|---|
| tržnica | Markthalle | burza | „wilder" Markt |

## Einkaufsliste

| | |
|---|---|
| **batéria** | Batterie |
| **kniha** | Buch |
| **cédečko** | CD |
| **krém** | Creme |
| **vložky** *(Mz)* | Damenbinden |
| **dezodorant** | Deodorant |
| **otvárač na konzervy** | Dosenöffner |
| **zapaľovač** | Feuerzeug |
| **otvárač na fľaše** | Flaschenöffner |
| **žiarovka** | Glühbirne |
| **sprej na vlasy** | Haarspray |
| **filter na kávu** | Kaffeefilter |
| **vývrtka** | Korkenzieher |
| **mapa** | (Land-)Karte |
| **potreby na šitie** | Nähzeug |
| **náplasť** | Pflaster |
| **prezervatívy** | Präservative |
| **platňa** | Schallplatte |

| | |
|---|---|
| **mydlo** | Seife |
| **šampón** | Shampoo |
| **plán mesta** | Stadtplan |
| **zápalky** | Streichhölzer |
| **tampóny** *(Mz)* | Tampons |
| **vreckovky** *(Mz)* | Taschentücher |
| **toaletný papier** | Toilettenpapier |
| **prach na pranie** | Waschpulver |
| **plienky** *(Mz)* | Windeln |
| **zubná kefka** | Zahnbürste |
| **zubná pasta** | Zahnpasta |
| **časopis** | Zeitschrift |
| **noviny** *(Mz)* | Zeitung |
| **cigarety** *(Mz)* | Zigaretten |

## Eingeladen sein

**D**ie folgende Frage gilt schon als Einladung, und man braucht nur noch den Tag und die Zeit zu vereinbaren. Wenn man eingeladen wird, duzt man sich wahrscheinlich. Die meisten Slowaken empfinden die höfliche Anrede als zu distanziert für Bekannte, auch wenn man sich noch nicht so lange kennt. Eine Ausnahme: Junge Leute siezen die Eltern eines Bekannten.

**Kedy prídeš / prídete?**
*wann (du-)kommst(v) / (ihr-)kommt(v)*
Wann kommst du / kommen Sie?

# Eingeladen sein

*Als Mitbringsel kann man Blumen oder eine Flasche Wein mitbringen. Blumen sind jedoch geeigneter, denn viele Leute (besonders in Dörfern) bieten ihren selbstgemachten Wein oder Branntwein an.*

### ♪ Vitajte u nás!
*begrüßt(!) bei uns(4)*
Willkommen!

### ♪ Sadni si! / Sadnite si!
*setz(!,v) sich / setzt(!,v) sich*
Nimm / Nehmt Platz!

### ♪ Si smädný / smädná?
*(du-)bist durstig(m/w)*
Hast du Durst?

### ♪ Si hladný / hladná?
*(du-)bist hungrig(m/w)*
Hast du Hunger?

### ♪ Prosíš / Prosíte si pivo / víno?
*(du-)bittest / (ihr-)bittet sich Bier(4) / Wein(4)*
Möchtest du / Möchtet ihr Bier / Wein?

### ♪ Áno, prosím.
*ja (ich-)bitte*
Ja, bitte.

### ♪ Ďakujem, nie.
*danke nein*
Danke, nein.

### ♪ Na zdravie!
*auf Gesundheit(4)*
Prosit!

### Poznáš / Poznáte bryndzové halušky?
*(du-)kennst/(ihr-)kennt Bryndzové(4) Halusky(4)*
Kennst du / Kennt ihr Brimsennockerln?
*(slowak. Nationalgericht)*

### ♪ Chutí ti to?
*(es-)schmeckt dir(3) das*
Schmeckt dir das?

### ♪ Áno, chutí.
*ja (es-)schmeckt*
Ja, es schmeckt.

### ♪ Zober si ešte!
*nimm(!,v) sich noch*
Nimm dir noch etwas!

### ♪ Už nemôžem.
*schon nicht-(ich-)kann*
Ich kann nicht mehr.

### Som plný / plná.
*(ich-)bin voll(m/w)*
Ich bin satt.

### ♪ Dáš si kávu?
*(du-)gibst sich Kaffee(4)*
Möchtest du Kaffee?

🎵 **Áno, dám si.**
*ja (ich-)gebe sich*
Ja, ich möchte.

🎵 **Ďakujem, nedám si.**
*(ich-)danke nicht-(ich-)gebe sich*
Danke, nein.

## Familie & Verwandte

🎵 **Si ženatý / vydatá?**
*bist verheiratet(m/w)*
Bist du verheiratet?

🎵 **Nie, som slobodný / slobodná.**
*nein bin ledig(m/w)*
Nein, ich bin ledig.

*Ženatý heißt „verheiratet" nur für Männer, vydatá nur für Frauen.*

**Ako sa volá tvoj manžel / tvoja manželka?**
*wie sich nennt dein Ehemann / deine Ehefrau*
Wie heißt dein Mann / deine Frau?

🎵 **Máš súrodencov / deti?**
*(du-)hast Geschwister(4) / Kinder(4)*
Hast du Geschwister / Kinder?

🎵 **Nie, nemám.**
*nein nicht-(ich-)habe*
Nein, ich habe keine.

🎵 **Mám brata / dvoch bratov, sestru / tri sestry.**
*(ich-)habe Bruder(4) / zwei(m/b,4) Brüder(4)*
*Schwester(4) / drei(w,4) Schwestern(4)*
Ich habe einen Bruder / zwei Brüder,
eine Schwester / drei Schwestern.

🎵 **Mám syna a dcéru.**
*(ich-)habe Sohn(4) und Tochter(4)*
Ich habe einen Sohn und eine Tochter.

**Mám dvoch synov / dve dcéry.**
*(ich-)habe zwei(m/b,4) Söhne(4) / zwei(m,4)
Töchter(4)*
Ich habe zwei Söhne / zwei Töchter.

| | | | |
|---|---|---|---|
| **rodina** | Familie | **rodičia** | Eltern |
| **starý otec** | Großvater | **stará matka** | Großmutter |
| **dedko** | Opa | **babka** | Oma |
| **otec** | Vater | **matka** | Mutter |
| **manžel** | Ehemann | **manželka** | Ehefrau |
| **ženatý** *(m)* | verheiratet | **vydatá** *(w)* | verheiratet |
| **syn** | Sohn | **dcéra** | Tochter |
| **brat** | Bruder | **sestra** | Schwester |
| **strýc** | Onkel | **teta** | Tante |
| **synovec** | Neffe | **neter** | Nichte |
| **bratranec** | Cousin | **sesternica** | Cousine |
| **vnuk** | Enkel | **vnučka** | Enkelin |
| **švagor** | Schwager | **švagriná** | Schwägerin |

# Wandern & Skilaufen

**I**n der Mittelslowakei gibt es zwei große Ge-
birge: die felsige Hohe Tatra (Vysoké Tatry) und
die waldbedeckte Niedrige Tatra (Nízke Tatry).
Westlich der Tatras gibt es weitere zwei schöne
Urlaubsgegenden: das Fatra-Gebirge und das
Gebiet Orava, und östlich der Tatras liegt das
sogenannte Slowakische Paradies (Slovenský
Raj).

# Wandern & Skilaufen

Im Winter finden Skiläufer Skipisten jeglichen Schwierigkeitsgrades. An den Skipisten kauft man eine so genannte permanentka, eine Sammelfahrkarte mit z. B. dreißig oder sechzig Punkten (bodky). Wenn man mit dem Skilift hochfährt, werden jedesmal vier oder fünf Punkte von den Kontrolleuren durchgestrichen. Es gibt aber auch Tagesfahrkarten.

*Die Slowakei hat einen langen, heißen und trockenen Sommer, und es gibt viele Möglichkeiten zu wandern und zu zelten. Überall gibt es schöne Landschaften und eine gute Beschilderung.*

| | |
|---|---|
| turista | Wanderer, Tourist |
| turistický chodník | Wanderweg |
| turistická mapa | Wanderkarte |
| značkovaný | beschildert |
| značka | Schild |
| jednodňová permanentka | Tagesticket *(für Lift)* |
| dvojdňová permanentka | 2-Tage-Ticket *(für Lift)* |
| spadnúť (spadnem) *(v)* | hinfallen |
| šmyknúť sa *(v)* (šmyknem sa) | rutschen |
| lyžovať (lyžujem) | skilaufen |
| snežiť (sneží) | schneien (es schneit) |
| je búrka *(es-)ist Sturm* | es stürmt |
| ísť (idem) na turistiku *gehen ((ich-)gehe) auf Wanderung(4)* | wandern |

| | | | |
|---|---|---|---|
| medveď | Bär | vlek | Skilift |
| strom | Baum | zjazdovka | Skipiste |
| hora | Berg | lyžiarka | Skischuh |
| rieka | Fluss | palica | Skistock |
| štít | Gipfel | sneh | Schnee |
| kopec | Hügel | lanovka | Seilbahn |
| chata | Hütte | turistika | Wanderung |
| lyža | Ski | cesta | Weg |

## Liebesgeflüster

**F**alls Amors Pfeile getroffen haben, helfen folgende Sätze bei der Kontaktaufnahme.

🔊 **Stretneme sa dnes večer?**
*(wir-)treffen(v) sich heute Abend*
Treffen wir uns heute Abend?

🔊 **Nechceš tancovať?**
*nicht-(du-)willst tanzen*
Möchtest du tanzen?

🔊 **Pozývam ťa na kávu.**
*(ich-)einlade dich(4) auf Kaffee(4)*
Ich lade dich zu einem Kaffee ein.

🔊 **Nechceš sa ísť poprechádzať?**
*nicht-(du-)willst sich gehen spazieren*
Möchtest du spazieren gehen?

**Si zlatý / zlatá.**
*(du-)bist goldig(m/w)*
Du bist lieb.

**Si milý / milá.**
*(du-)bist nett(m/w)*
Du bist nett.

🔊 **Veľmi sa mi páčiš.**
*sehr sich mir(3) (du-)gefällst*
Du gefällst mir sehr.

**Máš krásne oči / krásne vlasy / nádherné telo.**
*(du-)hast schöne(4) Augen(4) / schöne(4) Haare(4) / wunderschönen(4) Körper(4)*
Du hast schöne Augen / Haare / einen wunderschönen Körper.

**Poď ku mne!**
*geh(!) zu mir(3)*
Komm zu mir!

**Ľúbim / Milujem ťa.**
*(ich-)liebe / (ich-)liebe dich(4)*
Ich liebe dich.

**Mám ťa rád / rada.**
*(ich-)habe dich(4) gern(m/w)*
Ich habe dich gern.

**Chceš so mnou spať?**
*willst mit mir(7) schlafen*
Willst du mit mir
schlafen?

**Máš prezervatívy?**
*hast Präservative(4)*
Hast du Präservative?

**Chcem byť sám / sama.**
*(ich-)will sein allein(m/w)*
Ich will alleine sein.

**Som tu s manželom / manželkou.**
*(ich-)bin hier mit Ehemann(7)/Ehefrau(7)*
Ich bin mit meinem Mann / meiner Frau da.

**Dnes nie!**
*heute nicht*
Heute nicht!

**Vypadni! / Choď preč!**
*ausfall(!,v) / geh(!) weg*
Verschwinde! / Geh weg!

🎵 **Daj mi pokoj!**
*gib(!,v) mir(3) Ruhe(4)*
Lass mich in Ruhe!

## Rauchen

*Die slowakischen Bestimmungen sind aber bislang nicht so streng wie in manchen anderen Ländern. Fragen Sie nach, bevor Sie sich eine Zigarette anzünden.*

**A**uch in der Slowakei gibt es mittlerweile gesetzliche Rauchverbote in der Öffentlichkeit.

| | |
|---|---|
| **fajčiar** | Raucher |
| **nefajčiar** | Nichtraucher |
| **fajčiť (fajčím)** | rauchen |
| **cigareta** | Zigarette |
| **zápalky** | Streichhölzer |
| **zapaľovač** | Feuerzeug |
| **oheň** | Feuer |
| **popolník** | Aschenbecher |
| **šluk** | Zug *(aus der Zigarette)* |
| **balíček** | Päckchen |
| **Zákaz fajčiť!** | Rauchen verboten! |

**Chceš cigaretu?**
*(du-)willst Zigarette(4)*
Willst du eine Zigarette?

**Dáš mi cigaretu?**
*gibst mir(3) Zigarette(4)*
Gibst du mir eine Zigarette?

**Máš / Máte oheň?**
*hast / (ihr-)habt Feuer(4)*
Hast du / Haben Sie Feuer?

**Nefajčím.**
*nicht-(ich-)rauche*
Ich bin Nichtraucher.

**Vadí ti / Vám, keď fajčím?**
*(es-)stört dir(3) / euch(3) wenn (ich-)rauche*
Stört es dich / Sie, wenn ich rauche?

**Idem von na chvíľu.**
*(ich-)gehe draußen auf Weile(4)*
Ich gehe eine Weile hinaus.

## Fotografieren

**D**ie Slowakei bietet unvergleichlich schöne Motive zum Fotografieren.

| | |
|---|---|
| **fotka** | Foto |
| **fotoaparát, foťák** | Fotoapparat |
| **odfotiť (odfotím)** (v) | fotografieren |
| **filmovacia kamera** | Filmkamera |
| **filmovať** | filmen |
| **film** | Film |
| **film na diapozitívy** *Film auf Diapositive* | Diafilm |
| **farebný film** *farbiger Film* | Farbfilm |
| **čiernobiely film** *schwarzweißer Film* | Schwarz-Weiß-Film |
| **vyvolať (vyvolám)** (v) | entwickeln |
| **negatív** | Negativ |
| **batéria – blesk** | Batterie – Blitzlicht |

*Bitte fragen Sie, bevor Sie fremde Menschen fotografieren.*

**Fotky, prosím.**
*Fotos(4) (ich-)bitte*
Fotos, bitte.

**Vaše meno?**
*euer Name*
Ihr Name?

**Dve fotky z každého negatívu.**
*zwei Fotos von jedem(2) Negativ(2)*
Zwei Abzüge von jedem Negativ.

🔊 **Môžem Vás odfotiť?**
*(ich-)kann euch(4) fotografieren(v)*
Darf ich Sie fotografieren?

🔊 **Môžete nás odfotiť?**
*(ihr-)könnt uns(4) fotografieren(v)*
Können Sie uns fotografieren?

## Ämter & Behörden

*Wenn ein Besuch auf einem Amt unvermeidlich ist, dann empfiehlt es sich, einen slowakischen Bekannten um Hilfe zu bitten, der als Dolmetscher dienen kann. Nach meiner Erfahrung freuen sich die Slowaken, wenn sie behilflich sein können und dabei gleichzeitig eine Gelegenheit haben, ihr Deutsch zu üben.*

**O**b auf einem Amt oder in irgendeinem Büro in der Slowakei Deutsch gesprochen wird, hängt davon ab, ob und wie oft man dort überhaupt in Kontakt mit Ausländern kommt. In Reisebüros, Wechselstuben oder Gaststätten, wo die Mehrheit der Kunden Ausländer sind, verfügen die Leute über genügende Deutsch- oder Englischkenntnisse, so dass man auch ohne Slowakisch auskommt.

Bei der Polizei, auf der Post oder auf staatlichen Ämtern ist es jedoch ganz anders: Beamte mit guten Fremdsprachenkenntnissen sind die Ausnahme, nicht die Regel.

### Odkradli ma.
*bestohlen(Mz,v) mich(4)*
Man hat mich bestohlen.

### Môže mi niekto tlmočiť?
*(er-)kann mir(3) jemand dolmetschen*
Kann mir jemand dolmetschen?

### Stratil / Stratila som svoje doklady.
*verloren(m/w,v) (ich-)bin eigene(4) Papiere(4)*
Ich habe meine Papiere verloren.

# Rund ums Geld

**S**eit dem 1. 1. 2009 ist der Euro auch in der Slowakei die offizielle Währung. Zuvor zahlte man mit der Slowakischen Krone (slovenská koruna), abgekürzt Sk. Schon vor dem Beitritt zur EU und zur Euro-Zone hatte sich das Nachwende-Phänomen des Devisenschwarzhandels weitgehend erledigt. Fast alle der damaligen Schwarzwechsler (vekslák) waren im Übrigen professionelle Betrüger.

*Heutzutage bezieht man sein Bargeld auch in der Slowakei am besten aus dem Geldautomaten, aber auch der herkömmliche Geldwechsel ist in Banken, Hotels und Wechselstuben möglich.*

| | |
|---|---|
| **banka** | Bank |
| **zmenáreň** | Wechselstube |
| **vymeniť (vymením)** *(v)* | umtauschen |
| **kurz** | Kurs |
| **účet** | Quittung |
| **peniaze** *(Mz)* | Geld |
| **bankomat** | Geldautomat |
| **kreditná karta** | Kreditkarte |

✎ **Dajú sa tu vymeniť peniaze?**
*(sie-)geben sich hier umtauschen Geld(Mz)*
Kann man hier Geld tauschen?

**Aký je kurz švajčiarskeho franka?**
*was-für-ein (es-)ist Kurs Schweizer(2) Franken(2)*
Wie ist der Kurs des Schweizer Franken?

| | Ez | Mz | 2. Fall Mz |
|---|---|---|---|
| Euro | **euro** | **eura** | **eur** |
| Franken | **frank** | **franky** | **frankov** |
| Krone | **koruna** | **koruny** | **korún** |
| Dollar | **dolár** | **doláre** | **dolárov** |

## Post & Telefonieren

**L**eider sind die Hinweisschilder auf dem Postamt nur auf Slowakisch.

| Post | |
|---|---|
| pošta | Postamt |
| (poštová) známka | Briefmarke |
| list | Brief |
| obálka | Briefumschlag |
| pohľadnica | Ansichtskarte |
| balík | Paket, Päckchen |
| doporučený list | Einschreiben |
| letecky | mit Luftpost |
| clo | Zoll |
| colné prehlásenie | Zollerklärung |

*Wenn man Briefmarken kaufen will oder einfach einen Brief aufgeben möchte, muss man die folgenden Schalter suchen:*

| **Príjem listových zásielok** |
|---|
| Annahme von Briefsendungen |
| **Predaj cenín** |
| Verkauf von Wertzeichen |

🔊 **Prosím si známku na list ...**
*(ich-)bitte sich Marke(4) auf Brief(4)*
Ich möchte eine Briefmarke für einen Brief ...

🔊 **... do Nemecka / do Rakúska / do Švajčiarska.**
*... nach Deutschland(2) / nach Österreich(2) / nach Schweiz(2)*
... nach Deutschland / nach Österreich / in die Schweiz.

## Telefonieren

| | |
|---|---|
| **telefón** | Telefon |
| **telefónna búdka** | Telefonzelle |
| **telefónne číslo** | Telefonnummer |
| **telefónny zoznam** | Telefonbuch |
| **predvoľba** | Vorwahlnummer |
| **miestny hovor** | Ortsgespräch |
| **medzimestský hovor** | Ferngespräch |
| *zwischenstädtisches Gespräch* | |
| **kabína** | Kabine |
| **telefonovať (telefonujem)** | telefonieren |
| **zavolať (zavolám)** *(v; + 3)* | (jem.) anrufen |
| **mobil, mobilný telefón** | Handy |
| **predplatená karta** | Prepaid-Karte |

**Kde si môžem kúpiť predplatenú kartu
bez mobilného telefónu.**
*wo sich(3) (ich-)kann kaufen vorbezahlte(4) Karte(4)
ohne mobiles(2) Telefon(2)*
Wo kann ich eine Prepaid-Karte ohne Handy kaufen?

**Ako si môže dobiť svoj kredit?**
*wie sich(3) (es-)kann zuschlagen eigenes(4) Guthaben(4)*
Wie kann man sein Konto wieder aufladen?

**Koľko stojí jedna minúta do Berlína?**
*wie-viel kostet eine(w) Minute nach Berlin(2)*
Wie viel kostet eine Gesprächsminute nach Berlin?

**Počkáte chvíľu.**
*(ihr-)wartet(v) Weile(4)*
Einen Moment, bitte.

## Krank sein

**L**assen Sie sich immer eine Quittung der Arztrechnung ausstellen, um die Kosten von Ihrer Versicherung erstattet zu bekommen.

| | | | |
|---|---|---|---|
| **lekár (-ka)** | Arzt (Ärztin) | **pacient** | Patient |
| **liečiť (liečim)** | behandeln, heilen | **zdravotná sestrička** | Kranken- schwester |
| **recept** | Rezept | **masť** | Salbe |
| **náplasť** | Heftpflaster | **injekcia** | Spritze |
| **tabletky** | Tabletten | **kvapky** | Tropfen |
| **liek** | Medikament | **obväz** | Verband |

🔊 **Hľadáme najbližšiu lekáreň / nemocnicu.**
*(wir-)suchen nächste(4) Apotheke(4) / Krankenhaus(4)*
Wir suchen die nächste Apotheke / das nächste Krankenhaus.

🔊 **Čo Vám je?** 🔊 **Kde máte bolesti?**
*was euch(3) (es-)ist* *wo (ihr-)habt Schmerzen(4)*
Was fehlt Ihnen? Wo haben Sie Schmerzen?

🔊 **Potrebujem lekára.** 🔊 **Bolí ma ...**
*(ich-)brauche Arzt(4)* *(es-)wehtut mich(4)*
Ich brauche einen Arzt. Mir tut ... weh.

| | | | |
|---|---|---|---|
| **ruka** | Arm, Hand | **hlava** | Kopf |
| **oko** | Auge | **žalúdok** | Magen |
| **brucho** | Bauch | **nos** | Nase |
| **noha** | Bein; Fuß | **oblička** | Niere |
| **prsia** *(Mz)* | Brust | **ucho** | Ohr |
| **krk** | Hals | **chrbát** | Rücken |
| **srdce** | Herz | **zub** | Zahn |

🔊 **Mám hnačku / horúčku.**

*(ich-)habe Durchfall(4) / Fieber(4)*

Ich habe Durchfall / Fieber.

**Som prechladnutý / prechladnutá.**

*(ich-)bin erkältet(m/w)*

Ich bin erkältet.

🔊 **Je mi zle.**

*(es-)ist mir(3) schlecht(Umst.)*

Mir ist übel.

🔊 **Mám alergiu na acylpyrín.**

*(ich-)habe Allergie(4) auf Aspirin(4)*

Ich habe eine Allergie gegen Aspirin.

**(Berte) dvakrát / trikrát denne jednu tabletku.**

*(nehmt(!)) zweimal / dreimal täglich eine(4) Tablette(4)*

(Nehmen Sie) zweimal / dreimal täglich eine Tablette.

**Pichla ma osa / včela.**

*gestochen(w,v) mich(4) Wespe / Biene*

Eine Wespe / Biene hat mich gestochen.

🔊 **Pohrýzol ma pes.**

*gebissen(m,v) mich(4) Hund*

Ein Hund hat mich gebissen.

**Uštipol ma had.**

*gekniffen(m,v) mich(4) Schlange*

Eine Schlange hat mich gebissen.

## Toilette

In den meisten öffentlichen Toiletten gibt es eine Klofrau, die Geld für die Benutzung des WC's kassiert und Toilettenpapier verkauft. Wo es keine Klofrau gibt, gibt es in der Regel auch kein Toilettenpapier; deshalb sollte man immer ein bisschen davon bei sich haben.

| **Z / ženy / dámy** | **M / muži / páni** |
| --- | --- |
| Damen | Herren |

**☞ Kde je záchod?**
*wo (es-)ist Klo*
Wo ist das Klo?

**☞ Je tu blízko verejné WC?** *(sprich: „weze")*
*(es-)ist hier nah(Umst.) öffentliches WC*
Gibt es in der Nähe ein öffentliches WC?

| **Idem na záchod.** | **On / Ona je na záchode.** |
| --- | --- |
| *(ich-)gehe auf Klo(4)* | *er / sie ist auf Klo(6)* |
| Ich gehe aufs Klo. | Er / Sie ist auf dem Klo. |

**☞ Máte toaletný papier?**
*(ihr-)habt Toiletten(4) Papier(4)*
Haben Sie Klopapier?

# Schimpfen & Fluchen

**D**ie hier genannten Beschimpfungen empfehle ich nicht zum Eigengebrauch. Es ist jedoch manchmal gut, wenn man sie versteht.

| | |
|---|---|
| **nadávať (nadávam)** *(+ 3.)* | (jem.) beschimpfen; schimpfen, fluchen |
| **nadávanie** | Beschimpfung |
| **nadávka – urážka** | Fluch – Beleidigung |
| **urazený / urazená** *(m/w)* | beleidigt sein |

| | | |
|---|---|---|
| **Do kelu!** | Zum Teufel! | *Zunächst die eher harmlosen Kraftausdrücke, die nicht gerade höflich sind, aber sicherlich niemanden sonderlich schockieren.* |
| *nach Kohl(2)* | | |
| **Do prdele! / Do riti!** | Zum Donnerwetter! | |
| *nach Po(2) / nach Po(2)* | | |
| **Ty si debil.** | Du bist ein Schuft. | |
| *du bist Schuft* | | |
| **On je taký blbec!** | Er ist so dumm! | |
| *er ist so-ein Dummkopf* | | |
| **Vypadni!** | Verschwinde! | |
| *wegfall(!)* | | |
| **Choď do pekla!** | Geh zur Hölle! | |
| *geh(!) nach Hölle(2)* | | |

| | | | |
|---|---|---|---|
| **somár!** | Esel! | **hajzel!** | Klo! |
| **sviňa!** | Schwein! | **kurva!** | Hure! |

| | | |
|---|---|---|
| **Ty somár!** *(du Esel)* | Du Esel! | *Jetzt die echten Flüche, die man selber nicht ausprobieren sollte, um sich nicht „unbeliebt" zu machen.* |
| **To sú hajzli!** | Sie sind Arschlöcher! | |
| *das (sie-)sind Klos* | | |
| **Do piči!** *(nach Möse(2))* | Zum Teufel! | |
| **Vylez mi na kokot!** | Leck mich mal! | |
| *klettre(!) mir(3) auf Schwanz(4)* | | |

## Nichts verstanden? – Weiterlernen!

**D**ie Verständigung klappt immer noch nicht? Versuchen Sie es noch einmal!

**⟩ Prosím? / Čože?**
*(ich-)bitte / was-denn*
Wie bitte?

**⟩ Nerozumiem.**
*nicht-(ich-)verstehe*
Ich verstehe nicht.

**⟩ Pomaly, prosím.**
*langsam(Umst.) (ich-)bitte*
Langsam, bitte.

**⟩ Prepáčte, nehovorím dobre po slovensky.**
*verzeiht(!) nicht-spreche gut auf slowakisch(Umst.)*
Verzeihen Sie, ich spreche nicht gut Slowakisch.

**⟩ Hovoríte po slovensky / anglicky / nemecky?**
*(ihr-)sprecht auf slowakisch(Umst.) / englisch(Umst.) / deutsch(Umst.)*
Sprechen Sie Slowakisch / Englisch / Deutsch?

**⟩ Len trošku.**
*nur bisschen*
Nur ein wenig.

**⟩ Ešte raz prosím!**
*noch Mal (ich-)bitte*
Noch einmal, bitte!

**⟩ Čo znamená ... ?**
*was (es-)bedeutet*
Was bedeutet ...?

**⟩ Čo je to?**
*was (es-)ist das*
Was ist das?

**⟩ Ako sa to povie po slovensky?**
*wie sich das (es-)sagt(v) auf slowakisch(Umst.)*
Wie sagt man das auf Slowakisch?

🎵 **Ako sa to píše?**
*wie sich das schreibt*
Wie schreibt man das?

🎵 **Môžete to napísať?**
*könnt das(4) aufschreiben*
Können Sie das aufschreiben?

## Tschechisch und Slowakisch

**D**ieses Kapitel ist für diejenigen Leser gedacht, die sich schon ein bisschen mit Tschechisch auskennen, oder die vorhaben, Tschechisch zu lernen, und schon ein bisschen Slowakisch können. Der Wortschatz und die Grammatik beider Sprachen sind fast identisch, die Unterschiede liegen in den Details. Alle tschechischen Wörter und Ausdrücke stehen jeweils in Klammern. Um Unterschiede zu verdeutlichen, ist die Aussprache manchmal in *kursiver* Schrift (in Klammern) ergänzt.

### identische Wörter

| | | | |
|---|---|---|---|
| **ale** | aber | **muž** | Mann |
| **pivo** | Bier | **červený** | rot |
| **modrý** | blau | **škola** | Schule |
| **potom** | dann, nachher | **hra** | Spiel |
| **tam** | dort | **jazyk** | Sprache; Zunge |
| **otázka** | Frage | **taška** | Tüte |
| **žena** | Frau | **a** | und |
| **zelený** | grün | **pod** | unter |
| **pomoc** | Hilfe | **pravda** | Wahrheit |
| **káva** | Kaffee | **víno** | Wein |
| **láska** | Liebe | **kam** | wohin |

# Tschechisch und Slowakisch

## ähnliche Wörter

| Slowakisch | Tschechisch | Deutsch |
|---|---|---|
| **poznať** | (znát) | kennen |
| **niečo** | (něco) | etwas |
| **mať** | (mít) | haben |
| **tu** | (tady) | hier |
| **mal som** | (měl jsem) | ich hatte |
| **bol som** | (byl jsem) | ich war |
| **niekto** | (někdo) | jemand |
| **teraz** | (teď) | jetzt |
| **zajtra** | (zítra) | morgen |
| **nič** | (nic) | nichts |
| **ešte** | (ještě) | noch |
| **len** | (jen) | nur |
| **alebo** | (nebo, anebo) | oder |
| **pred** | (před) | vor |
| **kedy?** | (kdy?) | wann? |
| **prečo?** | (proč?) | warum? |
| **čo?** | (co?) | was? |
| **kto?** | (kdo?) | wer? |
| **ako?** | (jak?) | wie? |
| **koľko?** | (kolik?) | wie viel? |
| **kde?** *(gdje)* | (kde?) *(gde)* | wo? |
| **medzi** | (mezi) | zwischen |

## unterschiedliche Wörter

| | | |
|---|---|---|
| **stanica** | (nádraží) | Bahnhof |
| **lístok** | (jízdenka) | Fahrkarte |
| **fľaša** | (láhev) | Flasche |
| **tiež** | (také) | auch |
| **chorý** | (nemocný) | krank |
| **robiť** | (dělat) | machen |
| **fajčiť** | (kouřit) | rauchen |
| **zlý** | (špatný) | schlecht |

| pekný | (hezký) | schön |
|---|---|---|
| električka | (tramvaj) | Straßenbahn |
| bývať | (bydlet) | wohnen |
| izba | (pokoj) | Zimmer |

## unterschiedliche Formulierungen

**Dobré ráno!**
(Dobré jitro!)
Guten Morgen!

**Do videnia!**
(Na shledanou!)
Auf Wiedersehen!

**Ako sa voláš?**
(Jak se jmenuješ?)
Wie heißt du?

**Koľko máš rokov?**
(Kolik je ti let?)
Wie alt bist du?

**To sa mi páči.**
(To se mi líbí.)
Das gefällt mir.

**Prepáčte!**
(Promiňte!)
Entschuldigung!

## unterschiedliche Wortendungen

| -ácia, -cia | (-ace, -ce) | |
|---|---|---|
| **informácia** | (informace) | Information |
| **reštaurácia** | (restaurace) | Restaurant |
| -áreň | (-árna) | |
| **vináreň** | (vinárna) | Weinstube |
| **lekáreň** | (lékárna) | Apotheke |
| -stvo, -ctvo | (-ství, -ctví) | |
| **kníhkupectvo** | (knihkupectví) | Buchhandlung |
| **hospodárstvo** | (hospodářství) | Wirtschaft |
| -ie | (-í) | |
| **poschodie** | (poschodí) | Stockwerk |
| **námestie** | (náměstí) | Platz |
| -ný, -ná, -né | (-ní) | |
| **hlavná stanica** | (hlavní nádraží) | Hauptbahnhof |
| **zubná pasta** | (zubní pasta) | Zahnpasta |

## unterschiedliche Selbstlaute

| | | |
|---|---|---|
| **a** | (e) | |
| **hľadať** | (hledat) | suchen |
| **čakať** | (čekat) | warten |
| **ie** | (í) | |
| **viem** | (vím) | ich weiß |
| **rozumiem** | (rozumím) | ich verstehe |
| **o** | (e) | |
| **ktorý?** | (který?) | welcher? |
| **som** | (jsem) | ich bin |
| **ô** *oder* **o** | (ů) | |
| **dom** | (dům) | Haus |
| **dôležitý** | (důležitý) | wichtig |
| **ú** | (ou) | |
| **dobrú noc!** | (dobrou noc!) | gute Nacht! |
| **dúfam** | (doufám) | ich hoffe; hoffentlich |

## Grammatik

Im Slowakischen lautet die Endung für die 1. Person Einzahl („ich") -ám, -ím oder -em, im Tschechischen dagegen oft auch auf -u oder -i.

| | | |
|---|---|---|
| **ďakujem** | (děkuji) | ich danke |
| **chcem** | (chci) | ich will |

Das slowakische Verb byť *(sein)* wird durch vorangestelltes nie *(nein, nicht)* verneint, im Tschechischen durch die Vorsilbe ne-.

| | | |
|---|---|---|
| **nie som** | (nejsem) | ich bin nicht |
| **nie si** | (nejseš) | du bist nicht |

Im Slowakischen wird die Möglichkeitsform mit der unveränderlichen Partikel by plus Hilfsverb byť gebildet, die der tschechischen gebeugten Form bych usw. ohne Hilfsverb entspricht.

| | | |
|---|---|---|
| **bol / bola by som** | (byl / byla bych) | ich *(m/w)* wäre |
| **bol / bola by si** | (byl / byla bys) | du *(m/w)* wärest |

Im Tschechischen unterscheidet man zwischen jíti *(gehen)* und jeti *(fahren)*. Das slowakische Verb ísť dagegen vereint beide Bedeutungen in sich:

**Idú do školy.**
*(sie-)gehen nach Schule(2)*
Sie gehen zur Schule.

**Idú autobusom.**
*(sie-)fahren Bus(7)*
Sie fahren mit dem Bus.

## Literaturhinweise

Es gibt nur wenige Bücher über Slowakisch. Denjenigen, die ihre Kenntnisse vertiefen möchten, empfehle ich folgende Bücher:

*Die hier genannten Bücher / Schriften sind nicht über den* REISE KNOW HOW *Verlag erhältlich.*

• **Taschenlehrbuch Slowakisch**, von Ľudmila Brinkel und Karl-Heinz Berger. VEB Verlag Enzyklopädie, Leipzig 1990. *(ein traditionelles Lehrbuch der slowakischen Sprache mit viel Grammatik)*

• Ein slowakisch-deutsches und deutsch-slowakisches **Taschenwörterbuch** wird von Langenscheidt herausgegeben.

• **Slovenčina pre cudzincov** („Slowakisch für Ausländer"), von T. Dratva, J. Vallo, V. Buznová und K. Sorby. Slovenské pedagogické nakladateľstvo, Bratislava 1987. *(Dies ist ein Lehrbuch für ausländische Studenten an slowakischen Universitäten, und deswegen ist es nur auf Slowakisch. Dafür hat es Erklärungen in Bildern, übersichtliche Grammatiktabellen und viele, viele Übungen.)*

• **Dobrý deň Slovenčina** („Guten Tag, Slowakisch"), von einem Autorenkollektiv am Institut für Sprach- und Fachvorbereitung für ausländische Studenten der Komenius-Universität. Bratislava 1991. *(Lehrbuch und Arbeitsheft in einem Band. Die Erklärungen sind ebenfalls nur auf Slowakisch.)*

• Für Englisch-Kundige könnte das folgende Lehrbuch nützlich sein: **Basic Slovak** von Jozef Mystrík. Slovenské pedagogické nakladateľstvo, 1980.

• In der Slowakei sind mehrere slowakisch-deutsche / deutsch-slowakische **Wörterbücher** erhältlich. Die meisten sind für Slowaken geschrieben worden und haben deswegen weder grammatische Erklärungen für das Slowakische noch Informationen über unregelmäßige Endungen und Verbformen.

## Wörterlisten

wortes von der im Kapitel „Hauptwörter" dargestellten Regel ab, ist dies gekennzeichnet, lies:

| **stanic/a (-e)** |
| --- |
| stanica (Einzahl), stanice (Mehrzahl) |
| **noc (-i) (w)** |
| noc (Einzahl), noci (Mehrzahl), weiblich |
| **okuliare (m Mz)** |
| okuliare, männlich, gibt es nur in der Mehrzahl |

oder haben ein **unregelmäßiges Partizip** der Vergangenheit, lies:

| **rozum/ieť (-iem, 3. Mz -ejú)** |
| --- |
| rozumieť (verstehen), rozumiem (ich verstehe), rozumejú (sie verstehen) |
| **jesť (jem, 3. Mz jedia, P jedol)** |
| jesť (essen), jem (ich esse), jedia (sie essen), jedol (gegessen, m) |
| **ísť (idem, P išiel, išla)** |
| ísť (gehen), išiel (gegangen, m), išla (gegangen, w) |

**D**ie Wörterlisten enthalten einen Grundwortschatz von ca. 1000 Wörtern. Vokabular, das man in den einzelnen Kapiteln nachschlagen kann, ist hier nicht immer aufgeführt. Damit Sie die Wörterlisten richtig nutzen können, hier einige Hinweise zur Systematik:

**Hauptwörter:**

Unregelmäßige Mehrzahl-Endungen sind in Klammern angegeben. Weicht das grammatische Geschlecht eines Haupt-

**Verben:** *Nach jedem Verb steht die 1. Person Einzahl („ich") in Klammern, da man von dieser gebeugten Form die ganze Beugungsgruppe ableiten kann, lies:*

| **mať (mám)** |
| --- |
| mať (haben), mám (ich habe) |
| **dovol/iť (-ím)** |
| dovoliť (erlauben), dovolím (ich erlaube) |

*Einige Verben bilden auch* die **3. Person Mehrzahl unregelmäßig** *und /*

*Nach* **unpersönlichen Verben** *(wie z. B. „regnen") steht die 3. Person Einzahl („es ...") mit der Abkürzung „3." in Klammern, lies:*

| **pršať (3. prší)** |
| --- |
| pršať (regnen), prší (es regnet) |

## Wörterliste Deutsch – Slowakisch

**Rückbezügliche Verben** *erfordern immer ein rückbezügliches Fürwort (si oder sa), egal, ob das Verb in der Grundform oder in einer gebeugten Form steht:*

---

**tešiť sa (teším sa)**
tešiť sa *(sich freuen)*,
teším sa *(ich freue mich)*

---

*Die mit „(v)" gekennzeichneten Verben stehen im* **vollendeten Aspekt,** *alle nicht extra gekennzeichneten im unvollendeten.* **Verhältniswörter** *und* **Verben** *ziehen jeweils bestimmte* **Fälle** *nach sich. Um welchen es sich jeweils handelt, kann man an der „Nummer" ablesen, z. B.:*

---

**v, vo (+6)**
v, vo erfordert den 6. Fall (Lokativ)
**čakať (čakám) (na +4)**
čakať wird zusammen mit dem Verhältniswort na verwendet und verlangt dann den 4. Fall.

---

**A**

**ab** od, odo *(+2)*
**Abend** večer (-e)
**abends** večer
**aber** ale
**abfahren** odí/sť (-dem, *P* odišiel)
**Abfahrt** odchod
**Abteilung** oddelenie
**alle (Leute)** všetci *(Mz)*
**allein** sám (sama)
**alles** všetko
**als (Vergl.)** ako;
**(zeitl.)** keď
**also** takže
**alt** starý
**Amt** úrad
**an** na *(+4 / +6);*
**(zeitl.)** v *(+4)*
**anbieten (jmd. etw.)** ponúka/ť (-m) *(+3 +4)*
**andere:**
**die anderen** ostatní *(m/b Mz)*
**anderer** druhý
**anders** inak
**anfangen** začína/ť (-m) *(+4)*
**angenehm** príjemný
**Angst** strach
**anhalten** zastav/iť (-ím) *(v)*

**anmelden (bei), sich** zapí/sať (-šem) (u +2) *(v)*
**anrufen (jmd.)** zavol/ať (-ám) *(+3) (v)*
**anstatt** namiesto *(+2)*
**Antwort** odpove/ď (-de) *(w)*
**antworten (jmd.)** odpov/edať (-iem) *(+3) (v)*
**anziehen, sich** oblie/ť sa (oblečiem sa)
**Apotheke** lekár/eň (-ne) *(w)*
**Arbeit** prác/a (-e)
**arbeiten** prac/ovať (-ujem)
**Arbeitsplatz** pracovisko
**arm** chudobný
**Art** druh
**Arzt** lekár (-i)
**Aschenbecher** popolník
**auch** aj; tiež
**auf** na *(+4 /+6)*
**Aufenthalt** pobyt
**aufhören** presta/ť (-nem) *(+4) (v)*
**aufpassen (auf)** dať pozor (na +4)
**aufregen, sich** rozčúli/ť sa (-m sa) *(v)*

**aufstehen** vsta/ť
(-nem)

**aufwachen** zobud/iť
sa (-ím sa) *(v)*

**Auge** oko (oči)

**aus** z, zo *(+2)*

**Ausflug** výlet

**Ausgang (aus)** východ
(z +2)

**ausgeben (jmd. etw.)**
vyd/ať (-ám) *(+3 +4)*
*(v)*

**Ausland** zahraničie

**Ausländer** cudzin/ec
(-ci)

**ausländisch**
zahraničný

**ausreichen (jmd.)**
stač/iť *(3. -í)* (+3)

**Ausreise** odchod

**aussehen** vyzer/ať
(-ám)

**aussteigen (aus)**
vystup/ovať (-ujem)
(z +2)

**Austellung** výstava

**ausverkauft**
vypredané

**auswandern** emigrovať

**Ausweis** preukaz

**ausziehen, sich**
vyzl/iecť sa
(-ečiem sa)

**Auto** auto

**Autobahn** diaľnic/a
(-e)

## B

**backen** piecť (pečiem)
*(+4)*

**Badehose** plavky *(Mz)*

**baden** kúp/ať sa
(-em sa)

**Badezimmer** kúpeľ/ňa
(-ne)

**Bahnhof** stanic/a (-e)

**Bahnsteig** nástupište

**bald** skoro

**Bank (Geld)** banka

**Bargeld** hotové
peniaze *(w Mz)*

**Bauer** farmár (-i)

**Baum** strom

**beeilen, sich**
ponáhľa/ť sa (-m sa)

**begegnen (jmd.)**
stretn/úť (-em) *(+4) (v)*

**begleiten** sprevádza/ť
(-m) *(+4)*

**begrüßen** pozdrav/iť
sa (-ím sa) *(+4)*

**bei** u *(+2)*

**beide** obidva *(Mz)*

**Beispiel** príklad;
**zum Beispiel**
napríklad

**bekannt** známy

**Bekannter** známy

**bekannt machen, sich**
zoznámi/ť sa (-m sa)
*(v)*

**bekommen** dosta/ť
(-nem) *(v)*

**beleidigen (jmd.)**
uraz/iť (-ím) *(+4) (v)*

**bemerken** všimn/úť si
(-em si) *(+4) (v)*

**bemühen, sich** snaž/iť
sa (-ím sa)

**benachrichtigen**
oznámi/ť (-m)
*(+4) (v)*

**bequem** pohodlný

**Berg** hora

**berühmt** slávny

**beschweren
(bei jmd. über), sich**
sťaž/ovať sa
(-ujem sa) *(+3 +4)*

**besetzt** obsadený

**Besitzer** majite/ľ (-lia)

**besonders** najmä

**besser** lepší

**bestellen** objednáva/ť
(-m) *(+4) (v)*

**Besuch** návšteva

**besuchen (jmd.)**
navštev/ovať (-ujem)
*(+4)*

**betrunken** opitý

**Bett** poste/ľ (-le) *(w)*

**bevor** predtým ako / čo

**bezahlen** zaplat/iť (-ím)
*(+4) (v)*

**Bier** pivo

**Bild** obraz

**billig** lacný

**bis** až *(+4)*, do *(+2)*;
  **b. jetzt** doteraz
**bisschen, ein** trošku
  *(+2)*
**bitter (Geschmack)**
  horký
**bleiben (bei)** zosta/ť
  (-nem) (s *+7*) *(v)*
**Bleistift** ceruzka
**blöd** stupídny, hlúpy
**Blume** kvet
**Blut** krv (-i) *(w)*
**Boden (Land)** zem *(w)*
**Böhmen** Čechy *(w Mz)*
**Boot** čln
**böse sein** nahnev/ať
  sa (-ám sa) *(v)*
**Botschaft (dipl.)**
  veľvyslanectvo
**brauchen** potreb/ovať
  (-ujem) *(+4)*
**breit** široký
**brennen** hor/ieť *(3. -í)*
**Brief** list
**Brille** okuliare *(m Mz)*
**bringen (jmd. etw.)**
  prin/iesť (-esiem)
  *(+3 +4) (v)*
**Brot** chlieb
**Brötchen** žem/ľa (-le)
**Brücke** most
**Buch** kniha
**Burg** hrad
**Büro** kancelária
**Bus** autobus

**C / D**

**Café** kaviar/eň (-ne) *(w)*
**damals** vtedy
**damit (womit?)** tým
**danken (jmd.)**
  ďak/ovať (-ujem) *(+3)*
**dann** vtedy; potom
**das** to
**dauern** trvať *(3. trvá)*
**Decke (Bett-)** prikrývka
**denken** mysl/ieť (-ím)
**denn** lebo
**dennoch** predsa
**deshalb** preto
**deutsch** nemecký
**Deutsche** Nemka
**Deutscher** Nem/ec (-ci)
**Deutschland** Nemecko
**dick** tučný
**doch** predsa, ale áno,
  však;
  **d. nicht** ale nie
**Dom** dóm
**Dorf** dedina
**dort(hin)** tam
**drinnen** vnútri
**dumm** blbý
**Dummkopf** blbec
  (blbci)
**dunkel** tmavý
**dünn** tenký
**durch (über)** cez, cezo
  *(+4)*
**dürfen** smie/ť (-m)
**durstig** smädný

**Dusche** sprcha
**duschen** osprch/ovať
  (-ujem)

**E**

**Ecke** roh
**egal** jedno
**Ehefrau** manželka
**Ehemann** manžel (-ia)
**einfach** jednoduchý
**Eingang (in)** vchod
  (do *+2*)
**einige** niekoľko *(+2)*
**einladen (jmd. zu etw.)**
  pozýva/ť (-m) (+4 na
  +4)
**Einladung** pozvanie
**einmal** raz
**einpacken** zabal/iť
  (-ím) *(+4) (v)*
**einsteigen (in)**
  nastup/ovať (-ujem)
  (do *+2*)
**eintreten (in)**
  vstup/ovať (-ujem)
  (do *+2*)
**Eintrittskarte**
  vstupenka
**einzig** jediný
**Eis** ľad;
  **(Speise-)** zmrzlina
**Eisenbahn** železnica
**elektrisch** elektrický
**Eltern** rodičia *(Mz)*
**Ende** kon/iec (-ce)

**endlich** konečne

**eng** úzky

**entlang** po *(+6 / +4)*

**Erde (Land)** zem *(w)*

**Erfahrung** skúsenos/ť (-ti) *(w)*

**Erfolg** úspech

**erholen, sich** oddýchn/uť si (-em si)

**erinnern (an), sich** pamät/ať si (-ám si) (na +4)

**erklären (jmd. etw.)** vysvetl/iť (-ím) *(+3 +4)*

**erlauben (jmd. etw.)** dovol/iť (-ím) *(+3 +4)*

**Ermäßigung** zľava

**erreichen (Zug)** stihn/úť (-em) *(+4)*

**ersetzen (etw. durch etw.)** nahrad/iť (-ím) *(+4 +7)*

**erwähnen (etw.)** vrav/ieť (-ím) *(+4)*

**essen** jesť (jem, *3. Mz* jedia, *P* jedol)

**etwa (ungefähr)** asi

**etwas** niečo

**F**

**Fabrik** továr/eň (-ne) *(w)*

**Fähre** prevoz

**fahren (gehen)** ísť (idem, *P* išiel, išla)

**Fahrkarte** cestovný lístok

**Fahrrad** bicyk/el (-le)

**Fahrt** cesta

**Fakultät** fakulta

**fallen** pad/ať (-ám); **f. lassen** pust/iť (-ím) *(+4)*

**falsch** falošný

**Familie** rodina

**Familienname** priezvisko

**Farbe** farba

**fast** skoro, takmer

**faul (träge)** lenivý

**fehlen (jmd.)** chýba/ť (-m) *(+3)*

**Fehler** chyba

**Feier** oslava; slávnos/ť (-ti) *(w)*

**feiern** oslav/ovať (-ujem) *(+4)*

**Feiertag** sviat/ok (-ky)

**Feld** pole

**Ferien** prázdniny *(w Mz)*

**Fernsehgerät** televízor

**fertig** hotový

**Feuer** oh/eň (-ne)

**Fieber** horúčka

**finden** náj/sť (-dem, *P* našiel, našla) *(v)*; traf/iť (-ím) *(+4) (v)*

**Firma** firma

**Fisch** ryba

**Flasche** fľaš/a (-e)

**Fleisch** mäso

**fleißig** usilovný

**fliegen** lieta/ť (-m)

**flirten (mit)** flirt/ovať (-ujem) (s +7)

**Flughafen** letisko

**Flugticket** letenka

**Flugzeug** lietadlo

**Fluss** rieka

**Fotoapparat** kamera

**Frage** otázka

**fragen (jmd. etw.)** spýta/ť sa (-m sa) *(+2 +4) (v)*

**Freiheit** sloboda

**fremd** cudz/í (-ia, -ie)

**freuen (auf), sich** teš/iť sa (-ím sa) (na +4)

**Freund** priate/ľ (-lia)

**Freundin** priateľka

**freundlich** priateľský

**Frieden** mier

**frieren** mrzn/úť (-em)

**frisch (Obst)** čerstvý

**Friseur** kaderník

**fröhlich** veselý

**früh** skoro

**früher (eher)** skôr

**Frühling** jar

**Frühstück** raňajky *(w Mz)*

**fühlen (sich)** cíti/ť (-m) (sa)

**führen (jmd.)** vie/sť (vediem, *P* -dol) *(+4)*

**funktionieren**
fung/ovať *(3. -uje)*
**für (Dinge)** na *(+4)*;
**(Personen)** pre *(+4)*
**fürchten vor, sich** báť
sa (bojím sa) *(+2)*
**Fuß: zu F.** peši

## G

**ganz** celý
**Garderobe** šat/ňa (-ne)
**Garten** záhrada
**Gas** plyn
**Gast** hos/ť (-tia)
**Gastfreundschaft**
pohostinnosť
**Gastgeber** hostite/ľ
(-lia)
**Gebäude** budova
**geben (jmd. etw.)** dať
(dám) (+3 +4) *(v)*
**Gebühr** poplat/ok (-ky)
**Geburtstag**
narodeniny *(Mz)*
**Gedicht** bás/eň (-ne) *(w)*
**gefährlich** nebezpečný
**gefallen (jmd.)** páčiť
sa *(3. páči sa) (+3)*
**Gefühl** pocit
**gegen** proti *(+3)*
**gegenüber** oproti *(+3)*
**Gehalt** plat
**gehen** ísť (idem, *P* išiel,
išla)

**gehören (zu)** patr/iť
(-ím) (k +3)
**Geld** peniaze *(m Mz)*
**Gemüse** zelenina
**genau** presne
**genug** dosť
**geöffnet** otvorený
**Gepäck** batožina
**geradeaus** rovno
**gern** rád (rada)
**Geschäft (Laden)**
obchod
**Geschenk** darček
**Geschichte**
**(Erzählung)** poviedka;
**(hist.)** história
**geschlossen**
zatvorený
**Gesellschaft**
spoločnos/ť (-ti) *(w)*
**Gesetz** zákon
**Gesicht** tvár (-e) *(w)*
**Gespräch** rozhovor
**gestern** včera
**gesund** zdravý
**Gesundheit** zdravie
**Getränk** nápoj (-e)
**gewinnen** vyhr/ať
(-ám) *(+4) (v)*
**gewöhnen an, sich**
zvykn/úť si (-em si) na
*(+4)*
**Gewohnheit** zvyk
**gewöhnt sein (daran)**
zvyknutý (na to)
**Gewürz** korenie

**giftig** otravný
**Glas (Gefäß)**
pohár (-e);
**(Material)** sklo
**glauben (jmd. etw.)**
ver/iť (-ím) *(+3 +4)*
**Gleis** koľaj (-e)
**Glück** šťastie
**glücklich** šťastný
**Gott** boh (-ovia)
**Grenze** hranic/a (-e)
**Grippe** chrípka
**groß** veľký
**Größe** veľkos/ť (-ti) *(w)*
**Grund** dôvod
**Gruppe** skupina
**grüßen (jmd.)** zdrav/iť
(-ím) *(+4) (v)*
**gültig** platný
**gut** dobrý

## H

**haben (besitzen)** mať
(mám)
**halb** pol *(+2)*
**Hälfte** polovica *(+2)*
**halten** drž/ať (-ím) *(+4)*
**Haltestelle** zástavka
**handeln** obchod/ovať
(-ujem)
**hart** tvrdý
**hässlich** škaredý
**Hauptstadt** hlavné
mesto

**Haus** dom;
  **nach Hause** domov;
  **zu Hause** doma
**heben** zdvihn/úť (-em)
  *(+4) (v)*
**heiraten (Frauen)**
  vyd/ať sa (-ám sa)
  (za +4) *(v)*;
  **(Männer)** ožen/iť sa
  (-ím sa) (s +7) *(v)*
**heiß** horúci
**heißen** vol/ať sa (-ám
  sa)
**helfen (jmd.)** pom/ôcť
  (-ôžem, *P* ohol) *(+3) (v)*
**hell** svetlý
**Herbst** jeseň
**Herz** srdce
**heute** dnes
**hier** tu
**hierher** odtiaľ, sem
**Hilfe** pomoc *(w)*
**Himmel** obloha
**hinten** vzadu
**hinter** za *(+7 / +4)*
**hinterlassen (jmd.**
  **etw.)** nech/ať (-ám)
  *(+3 +4)*
**Hitze** teplo
**hoch** vysoký
**Hochzeit** svadba
**hoffen** dúfa/ť (-m)
**höflich** slušný
**hören** poču/ť (-jem)
  *(+4)*
**Hose** nohavice *(w Mz)*

**Hotel** hotel
**Hügel** kop/ec (-ce)
**Hund** pes (psi *od.:* psy)
**hungrig** hladný
**Hut** klobúk
**Hütte** chata

## I

**Idee** nápad
**immer** vždy
**in (hinein)** do *(+2)*;
  **(örtl.)** v *(+6)*;
  **(zeitl.)** v *(+4)*,
  za *(+4)*, o *(+4)*
**inbegriffen** zahrnutý
**Industrie** priemysel
**Information** informácia
**Insekt** hmyz
**Insel** ostrov
**Institut** ústav
**intelligent** inteligentný
**interessant** zaujímavý
**Interesse** záuj/em
  (-my)
**international**
  medzinárodný
**irgendwann** niekedy
**irgendwie** nejako
**irgendwo** niekde
**irren, sich** pomýli/ť sa
  (-m sa) *(v)*
**Irrtum** omyl

## J

**ja** áno, no
**Jacke (Wind-)** vetrovka
**jagen** poľ/ovať (-ujem)
**Jahr** rok
**jeder** každý
**jedoch** však
**jemand** niekto
**jetzt** teraz
**jung** mladý
**Junge** chlap/ec (-ci)

## K

**Kaffee** káva
**kalt (Getränk)**
  chladný;
  **(Speisen)** studený
**Kälte** zima
**kaputt** pokazený
**Kasse** pokladnic/a (-e)
**kaufen** kúpi/ť (-m) *(v)*
**Kaufhaus** obchodný
  dom
**Kekse** keksíky *(Mz)*
**kennen** pozn/ať (-ám)
**Kind** dieťa (deti) *(s)*
**Kino** kino
**Kirche** kostol
**klar** jasný
**Klasse** trieda
**Kleidung** šaty *(w Mz)*
**klein** malý
**klug** šikovný
**Kneipe** krčma

**Knoblauch** cesnak
**Knochen** kosť (-ti)
**kochen (jmd. etw.)**
var/iť (-ím) *(+3 +4)*
**Koffer** kuf/or (-re)
**kommen** dosta/ť sa
(-nem sa) *(v)*; prí/sť
(-dem, *P* prišiel) *(v)*
**können** môcť (môžem,
*P* mohol, mohla);
**(wissen)** ved/ieť
(viem, *3. Mz* -ia, *P* -el)
**Konserven** konzervy
*(w Mz)*
**Konsulat** konzulát
**kontrollieren**
kontrol/ovať (-ujem)
*(+4)*
**Konzert** koncert
**Kopf** hlava
**kosten (Preis)** st/áť
*(3.* -ojí*)*;
**(probieren)** ochutn/ať
(-ám) *(+4) (v)*
**Kraft (Stärke)** sila
**krank** chorý
**Krankenhaus**
nemocnica
**Krankheit** choroba
**Kreuzung** križovatka
**Krieg** vojna
**Krone (Währung)**
koruna
**Kuchen** koláč (-e)
**Kugelschreiber** pero
**Kuh** krava

**Kühlschrank**
chladnička
**Kultur** kultúra
**Kunst** umenie
**kurz** krátky
**küssen** pobozk/ať
(-ám) *(+4) (v)*
**Küste** pobrežie

## L

**lächeln** usmieva/ť sa
(-m sa)
**lachen (jmd. aus-)**
sm/iať sa (-ejem sa)
*(+3)*
**Lampe** lampa
**Landkarte** mapa
**Landschaft** krajina
**lange** dlhý
**langsam** pomaly
**langweilig** nudný
**laufen (rennen)**
beh/ať (-ám)
**laut** hlasný
**leben** ži/ť (-jem)
**Leben** život
**Lebensmittel**
potraviny *(w Mz)*
**ledig** slobodný
**leer** prázdny
**legen** polož/iť (-ím) *(+4)
(v)*
**leicht** ľahký
**leider** bohužiaľ

**leihen (von), sich**
požičať si (od +2) *(v)*
**lernen** uč/iť sa (ím sa)
*(+4)*
**lesen** číta/ť (-m) *(+4)*
**letzter** posledný;
**letztes Mal** minulé
**Leute** ľudia *(Mz)*
**Licht** svetlo
**Liebe** láska
**lieben (jmd. / etw.)**
mil/ovať (-ujem) *(+4)*
**Liebling** miláčik
**liegen** lež/ať (-ím)
**linke(r, -s)** ľavý
**Loch** diera
**Lohn** plat
**lohnen, sich** oplat/iť
sa (*3.* -í sa) *(v)*
**lügen (jmd. be-)**
klam/ať (-em) *(+3)*

## M

**machen (tun) (jmd.
etw.)** rob/iť (-ím)
*(+3 +4)*
**Macht** moc (-i) *(w)*
**Mädchen** dievča (-tá)
*(s)*
**mal** (*z. B.:* **zwei-**) -krát
(*z. B.:* dva-)
**manche** mnoho *(+2)*
**manchmal** niekedy,
občas
**Mann** muž (-i)

**Markt** trh
**Maschine** stroj (-e)
**Meer** more
**mehr** viac
**melden (bei), sich**
  ozv/ať sa (-em sa)
  *(+3) (v)*
**Mensch (Person)**
  človek *(Ez)*
**Messer** nôž (nože)
**mieten** naj/ať (-mem)
**Milch** mlieko
**mit** s, so *(+7)*
**mitnehmen** vziať
  (vezmem) so sebou
  *(v)*
**Mittag** poludnie
**Mittagessen** obed
**Mitte** stred
**möglich** možný
**Monat** mesiac (-e)
**Monatskarte (Bahn)**
  električenka
**Mond** mesiac (-e)
**morgen** zajtra
**Morgen** ráno
**morgens** ráno
**Motorrad** motorka
**Mücke** komár (-e)
**müde** unavený
**Münze** minc/a (-e)
**Musik** hudba
**müssen** mus/ieť (-ím);
  **man muss** treba
**Mutter** matka

## N

**nach (Richtung)** do
  *(+2);*
  **(zeitl.)** po *(+6)*
**Nachbar** sused (-ia)
**nachdem** potom ako
**Nachmittag**
  popoludnie
**Nachricht** správa,
  odkaz
**nächster** čalší;
  **nächstes Mal**
  nabudúce
**Nacht** noc (-i) *(w)*
**nah (in der Nähe)**
  blízko *(+2)*
**nähen** ši/ť (-jem) *(+4)*
**Name** meno
**nämlich** totiž
**nass** mokrý
**Nation** národ
**Natur** príroda
**natürlich (n. künstlich)**
  prírodný;
  **(selbstverständl.)**
  prirodzene
**neben** vedľa *(+2)*
**nehmen** vziať
  (vezmem) *(+4) (v),*
  zob/rať (-eriem)
  *(+4) (v)*
**nein** nie
**nett** milý
**neu** nový
**neugierig** zvedavý

**nicht** nie;
  **n. wahr?** však?
**nichts** nič
**niedrig** nízky
**noch** ešte;
  **n. einmal** ešte raz;
  **n. nicht** ešte nie
**Norden** sever
**normal** normálny
**notwendig** nutný;
  **es ist n.** treba
**nur** len, iba

## O

**ob** či
**oben** hore
**Obst** ovocie
**oder** alebo
**öffnen** otvor/iť (-ím)
  *(+4) (v)*
**Öffner** otvárak
**oft** často
**ohne** bez, bezo *(+2)*
**Öl** olej (-e)
**Oper** opera
**Ordnung** poriadok
**Ort (Platz)** miesto
**Osten** východ
**Österreich** Rakúsko
**Österreicher** Rakúšan
  (-ia)
**Österreicherin**
  Rakúšanka
**österreichisch** rakúsky

## P

**paar** pár
**Paar** pár
**Papier** papier (-e)
**Park** park
**parken** park/ovať
(-ujem) *(+4)*
**Parkplatz** parkovisko
**Partei** strana
**passen (recht sein)**
**(jmd.)** vyhov/ovať
*(3. -uje) (+3)*
**Pause** prestávka
**Person** osoba
**Personalausweis**
občiansky preukaz
**Pfarrer** farár (-i)
**Pferd** kôň (kone)
**Pflanze** rastlina
**Pförtner** vrátni/k (-ci)
**Plan** plán
**planen** plán/ovať
(-ujem) *(+4)*
**Platzkarte** miestenka
**plötzlich** zrazu
**Politik** politika
**Polizei** polícia
**Post** pošta
**Preis** cena
**privat** súkromný
**Problem** problém
**Puppe** bábka

## Q

**Qualität** kvalita
**Quelle** zdroj (-e)
**Quittung** potvrdenka

## R

**rasieren, sich** hol/iť sa
(-ím sa)
**rauchen** fajč/iť (-ím)
**Raum** miestnos/ť
(-ti) *(w)*
**Rechnung** účet
**Recht (gesetzl.)** právo
**rechtzeitig** včas
**Regen** dážď
**Regierung** vláda
**registrieren**
registr/ovať (-ujem)
*(+4)*
**regnen** prš/ať *(3. -í)*
**reif** zrelý
**Reihe** rad
**Reisebüro** cestovná
kancelária
**reisen** cest/ovať
(-ujem)
**reparieren** oprav/iť
(-ím) *(+4) (v)*
**reservieren (jmd. etw.)**
rezerv/ovať (-ujem)
*(+3 +4)*
**retten** zachráni/ť (-m)
*(+4)*

**Rettungswagen**
sanitka
**richtig** pravý, správny
**Richtung** smer;
**in diese R.** tadiaľ(to)
**roh** surový
**Rose** ruž/a (-e)
**rufen (jmd.)** vol/ať
(-ám) *(+4)*
**Ruhe** ticho, kľud
**ruhig** tichý, kľudne
**Ruine** ruina

## S

**Sache** vec (-i) *(w)*
**Saft** džús
**sagen (jmd. etwas)**
hovor/iť (-ím) *(+3 +4);*
pov/edať (-iem,
*P -edal) (+3 +4) (v)*
**Salz** soľ *(w)*
**salzig** slaný
**sammeln** zbiera/ť (-m)
*(+4)*
**satt (voll)** plný
**sauber** čistý
**säubern** čist/iť (-ím)
*(+4)*
**sauer (Geschm.)** kyslý
**scharf** ostrý
**Schatten** tie/ň (-ne) *(w)*
**schauen** pozer/ať sa
(-ám sa)
**Scheck** šek
**Schere** nožnice *(w Mz)*

**schicken (jmd. etw.)**
po/slať (-šlem) *(+3 +4)*
**schlafen** sp/ať (-ím)
**schlagen** bi/ť (-jem)
**Schlauch** rúra
**schlecht** zlý (zlá, zlé)
**schließlich** predsa
**Schloss** zám/ok (-ky)
**Schlüssel** kľúč (-e)
**schmecken (jmd.)**
chut/iť *(3. -í) (+3)*
**schmutzig** špinavý
**Schnee** sneh
**schneiden** re/zať
(-žem)
**Schokolade** čokoláda
**schon** už
**schön** pekný, krásny
**schreiben (jmd. etw.)**
pí/sať (-šem) *(+3 +4)*
**Schuh** topánka
**Schuld** vina
**schuldig** vinný
**Schule** škola
**schwach** slabý
**schwanger** tehotná
**Schweiz** Švajčiarsko
**Schweizer** Švajčiar (-i)
**schweizerisch**
švajčiarsky
**schwer** ťažký
**Schwimmbad** bazén
**schwimmen** pláv/ať
(-am)
**schwitzen** pot/iť sa
(-ím sa)

**See** *(m)* jazero
**sehen** vid/ieť (-ím,
*P* -el) *(+4)*
**sehr** veľmi;
**zu s.** príliš
**Seife** mydlo
**sein** byť (som, *P* bol,
bola)
**seit** od, odo *(+2)*
**Seite** strana
**Selbstbedienung**
samoobsluha
**selbstverständlich**
samozrejme
**selten** zriedka
**seltsam** čudný
**setzen (auf), sich**
sadn/úť si (-em si)
(na +4) *(v)*
**sich** si, sa
**sicher** istý
**Situation** situácia
**sitzen (auf)** sed/ieť
(-ím) (na +6)
**Slowake** Slová/k (-ci)
**Slowakei** Slovensko
**Slowakin** Slovenka
**slowakisch** slovenský
**so** tak
**Sofa** gauč (-e)
**sogar** dokonca
**solcher** taký
**sollen** mať (mám)
**Sommer** leto
**Sonne** slnko

**sozialistisch**
socialistický
**sparen** šetr/iť (-ím) *(+4)*
**Spaß** sranda
**spät** neskoro
**später** neskôr, potom
**spazieren gehen**
ísť na prechádzku
**Spaziergang**
prechádzka
**Speise** jedlo
**spielen** hr/ať (-ám)
**Sprache** jazyk
**Staatsbürger** občan
(-ia)
**stark** silný
**stehen** st/áť (-ojím)
**stehlen (jmd. etw.)**
kradn/úť (-em)
*(+3 +4)*
**steil** príkry
**Stein** kame/ň (-ne)
**stellen** postav/iť (-ím)
*(+4) (v)*
**sterben** umrie/ť (-m)
*(v)*
**Stern** hviezda
**Stimme** hlas
**Stockwerk** poschodie
**stören (jmd.)** vad/iť
(3. -í); ruš/iť (-ím) *(+3)*
**Strafe** trest
**Strand** pobrežie
**Straße** ulic/a (-e)
**Straßenbahn**
električka

**Streit** hádka
**streiten** háda/ť sa
  (-m sa)
**Strom (elektr.)** prúd
**Strömung** prúd
**Stück** kus *(+2)*
**Student** študent (-i)
**Studentenausweis**
  študentský preukaz
**Stuhl** stolička
**suchen** hľad/ať (-ám)
  *(+4)*
**Süden** juh
**Summe** suma
**süß (Geschm.)** sladký
**sympathisch**
  sympatický

## T

**Tabak** tabak
**Tablette** tabletka
**Tag** deň (dni)
**täglich** denne
**Tal** údolie
**tanken** tank/ovať
  (-ujem)
**tanzen** tanc/ovať
  (-ujem)
**Tasche** taška
**Taschentuch** vreckovka
**Tasse** šálka
**Tee** čaj (-e)
**Teil** čas/ť (-ti) *(w)*
**teilen** del/iť (-ím)
**Telefon** telefón

**teuer** drahý
**Theater** divadlo
**Tier** zviera (-tá) *(s)*
**Tisch** st/ôl (-oly)
**Tod** smr/ť *(w)*
**Toilette** záchod
**Toilettenpapier**
  toaletný papier
**Tor** brána
**tot** mŕtvy
**töten** zabi/ť (-jem) *(+4)*
  *(v)*
**tragen** nos/iť (-ím) *(+4)*
**trampen** stop/ovať
  (-ujem)
**traurig** smutný
**treffen (mit), sich**
  stretn/úť sa (-em sa)
  (s +7) *(v)*
**trennen (etw.)** oddel/iť
  (-ím) *(+4)* *(v)*
**trinken** pi/ť (-jem) *(+4)*
**trocken** suchý
**trotzdem** napriek tomu
**Tscheche** Če/ch (-si)
**Tschechin** Češka
**tschechisch** český
**Tür** dvere *(w Mz)*
**Turm** vež/a (-e)

## U

**üben** cvič/iť (-ím) *(+4)*
**über (oberhalb)** nad
  *(+4 / +7)*
**überall** všade

**überhaupt** vôbec
**um (örtl.)** okolo *(+2)*;
  **(Uhrzeit)** o *(+4)*
**Umgebung** okolie
**umgekehrt** naopak
**umsonst (kostenlos)**
  zadarmo;
  **(vergeblich)** zbytočný
**umsteigen**
  prestup/ovať (-ujem)
**umtauschen** vymen/iť
  (-ím) *(+4)* *(v)*
**umziehen, sich**
  prezl/iecť sa (-ečiem
  sa) *(v)*
**und** a;
  **u. so weiter**
  a tak ďalej
**Unfall** nehoda
**ungefähr** okolo *(+2)*
**ungültig** neplatný
**Universität** univerzita
**unten** dole
**unter** pod *(+7 / +4)*
**Unterführung** podchod
**Unterkunft** ubytovanie
**unterrichten (etw.)**
  uč/iť (-ím) *(+4)*
**Urlaub** dovolenka

## V

**Vater** ot/ec (-covia)
**Verabredung** rande;
  stretnutie

**verändern** zmen/iť
(-ím) (+4) (v)

**verboten** zakázaný

**verdienen** zarob/iť (ím)
(+4) (v)

**vergessen** zabudn/úť
(-em) (+4) (v)

**Vergnügen** zábava

**verirren (verlaufen),
sich** zablúdi/ť (-m) (v)

**verlassen (jmd. / etw.)**
nech/ať (-ám)
(+3/+4)

**verleihen (an)** požič/ať
(-iam) (+3) (v)

**verletzt** zranený

**Verletzung** zranenie,
úraz

**verlieben (in), sich**
zaľúbi/ť sa (-m sa)
(do +2) (v)

**verlieren** strat/iť (-ím)
(v); prehr/ať (-ám)
(+4) (v)

**Versicherung**
poistenie

**versprechen (jmd.
etw.)** sľúbi/ť (-m)
(+3 +4) (v)

**verstehen** rozum/ieť
(-iem, 3. Mz -ejú) (+3);
cháp/ať (-em) (+4)

**versuchen** skúsi/ť (-m)
(+4)

**verteilen** rozdel/iť
(-ím) (v)

**viel** veľa (+2)

**vielleicht** možno

**Vogel** vtá/k (-ci)

**voll** plný

**von** od, odo (+2)

**vor** pred, predo
(+7 / +4)

**vorbereiten** chyst/ať
(-ám) (+4); priprav/iť
(-ím) (+4) (v)

**vorgestern**
predvšerom

**vorher** predtým

**Vorsicht** pozor

**vorstellen (jmd. etw.)**
predstav/iť (-ím)
(+3 +4) (v)

**Vorstellung**
predstavenie

## W

**wählen (etw./jmd.)**
vyb/rať (-eriem)
(+4) (v)

**wahr** pravý

**während** počas (+2),
zo (+2)

**Wahrheit** pravda

**Wald** les

**Wand** stena

**Wanderung** turistika

**warm** teplý

**warten (auf)** čak/ať
(-ám) (na +4)

**warum** prečo

**was** čo

**waschen (etw.)** prať
(periem) (+4);
umýva/ť (-m) (+4)

**Wasser** voda

**weg** preč

**Weg** cesta

**wegen** kvôli (+3)

**wehtun (jmd.)** bol/ieť
(3. -í) (+4)

**weil** pretože

**weinen** pla/kať (-čem)

**weit** ďaleko

**weiter** ďalej

**Welt** svet

**wenig** málo (+2)

**wenn (falls)** ak;
(zeitl.) keď

**werden (zu)** sta/ť sa
(-nem sa) (+7) (v)

**Werkzeug** nástroj (-e)

**Westen** západ

**Wetter** počasie

**wichtig** dôležitý

**wie** ako

**wieder** zase

**wiederholen**
zopak/ovať (-ujem)
(+4) (v)

**Wind** vietor

**Winter** zima

**wirklich** naozaj,
skutočný

**Wirklichkeit**
skutočnos/ť (-ti) *(w)*
**Woche** týždeň
**Wohl: zum W.!**
na zdravie!
**wohnen** bývať (bývam)
**Wohnheim** internát
**Wohnung** byt
**wollen** chc/ieť (-em)
**Wort** slovo
**Wunder** zázrak
**wundern, sich**
čud/ovať sa
(-ujem sa)
**wünschen (jmd. etw.)**
žel/ať (-ám) *(+3 +4)*
**Wurst** klobása
**Würstchen** pár/ok (-ky)
**wütend** zúrivý

**Z**

**Zahl** číslo
**zahlen** plat/iť (-ím)

**Zahn** zub
**Zahnarzt** zubár (-i)
**Zahnbürste** zubná
kefka
**Zahnpasta** zubná
pasta
**zärtlich** nežný
**zeigen (jmd. etw.)**
uká/zať (-žem)
*(+3 +4) (v)*
**Zeit** čas
**Zeitung** noviny *(Mz)*
**Zelt** stan
**zerbrochen** rozbitý
**zerstören** znič/iť (-ím)
*(+4) (v)*
**ziehen** ťah/ať (-ám)
*(+4)*
**Ziel** cie/ľ (-le)
**ziemlich** dosť
**Zigarette** cigareta
**Zimmer** izba
**Zoll** clo

**zu** k, ku *(+3);*
**z. viel** priveľa *(+2)*
**Zucker** cukor *(Ez)*
**Zufall** náhoda
**zufrieden** spokojný
**Zug** vlak
**zuhören** počúva/ť (-m)
*(+4)*
**zuletzt** nakoniec
**zurück** naspäť, späť
**zusammen** spolu
**zweiter** druhý
**zwischen** medzi *(+3)*

# Wörterliste Slowakisch – Deutsch

## A

**a** und;
  **a tak ďalej** und so weiter
**aj** auch
**ak** wenn (falls)
**ako** als, wie (Vergl.);
  **ako?** wie?
**ale** aber;
  **a. áno** doch
  **a. nie** doch nicht
**alebo** oder
**áno** ja
**asi** etwa
**auto** Auto
**autobus** Bus
**až** (+4) bis

## B

**bábka** Puppe
**banka** Bank (Geld)
**bás/eň (-ne)** (w) Gedicht
**batoh** Rucksack
**batožina** Gepäck
**báť sa (bojím sa)** (+2) sich fürchten vor
**bazén** Schwimmbad
**beh/ať (-ám)** laufen, rennen
**bez, bezo** (+2) ohne
**bicyk/el (-le)** Fahrrad

**bi/ť (-jem)** schlagen
**blbec (blbci)** Dummkopf
**blbý** dumm
**blízko** (+2) nah, in der Nähe
**boh (-ovia)** Gott
**bohužiaľ** leider
**bol/ieť (3. -í)** (+4) wehtun (jmd.)
**brána** Tor
**budova** Gebäude
**byt** Wohnung
**byť (som,** P **bol, bola)** sein (Hilfsverb)
**bývať (bývam)** wohnen

## C (Ch)

**celý** ganz
**cena** Preis
**cesnak** Knoblauch
**cesta** Fahrt; Weg
**cest/ovať (-ujem)** reisen
**cestovná kancelária** Reisebüro
**cestovný lístok** Fahrkarte
**cez, cezo** (+4) durch, über
**cháp/ať (-em)** (+4) verstehen (etw.)
**chata** Hütte

**chc/ieť (-em)** wollen
**chladnička** Kühlschrank
**chladný** kalt, kühl (Getränk)
**chlap/ec (-ci)** Junge
**chlieb** Brot
**choroba** Krankheit
**chorý** krank
**chrípka** Grippe
**chudobný** arm
**chut/iť (3. -í)** (+3) schmecken (jmd.)
**chuť** (w) Geschmack; Lust
**chyba** Fehler
**chýba/ť (-m)** (+3) fehlen (jmd.)
**chyst/ať (-ám)** (+4) (vor)bereiten
**cie/ľ (-le)** Ziel
**cigareta** Zigarette
**cíti/ť (-m) (sa)** (sich) fühlen
**clo** Zoll
**cudz/í (-ia, -ie)** fremd
**cudzin/ec (-ci)** Ausländer
**cukor** (Ez) Zucker
**cvič/iť (-ím)** (+4) üben

## Č

**čaj (-e)** Tee

**čak/ať (-ám) (na** +4)
  warten (auf)
**čas** Zeit
**často** oft
**časť (-i)** (w) Teil
**Če/ch (-si)** Tscheche
**Čechy** (w Mz) Böhmen
**čerstvý** frisch (Obst)
**Česka** Tschechin
**český** tschechisch
**či** ob
**číslo** Zahl
**čistý** sauber
**číta/ť (-m)** (+4) lesen
**čln** Boot
**človek** (Ez) Mensch,
  Person
**čo** was
**čokoláda** Schokolade
**čudný** seltsam
**čud/ovať sa (-ujem sa)**
  sich wundern

## D

**darček** Geschenk
**dať (dám) (+3 +4)** (v)
  geben (jmd. etw.);
  **d. pozor (na** +4)
  aufpassen (auf)
**dážď** Regen
**dedina** Dorf
**del/iť (-ím)** teilen
**deň (dni)** Tag
**denne** täglich
**deti** (s Mz) Kinder

**diaľnic/a (-e)**
  Autobahn
**dieťa (deti)** (s) Kind
**dievča (-tá)** (s)
  Mädchen
**divadlo** Theater
**divoký** wild
**dlhý** lange
**dnes** heute
**do** (+2) in (hinein),
  nach (Richtung), bis
**dobrý** gut
**dokonca** sogar
**dole** (nach) unten
**dom** Haus
**dóm** Dom
**doma** zu Hause
**domov** nach Hause
**dosta/ť (-nem)** (v)
  bekommen
**dosta/ť sa (-nem sa)** (v)
  kommen, gehen
**dosť** genug; ziemlich
**doteraz** bis jetzt
**dovolenka** Urlaub
**dovol/iť (-ím)** (+3 +4)
  erlauben (jmd. etw.)
**dôležitý** wichtig
**drahý** teuer
**druh** Art
**druhý** zweiter; anderer
**drž/ať (-ím)** (+4) halten
**dúfa/ť (-m)** hoffen
**dvere** (w Mz) Tür
**džús** Saft

## Ď

**ďak/ovať (-ujem)** (+3)
  danken (jmd.)
**ďalej** weiter
**ďaleko** weit
**ďalší** nächster

## E

**elektrický** elektrisch
**električenka**
  Monatskarte
  (Straßenbahn)
**električka**
  Straßenbahn
**emigrovať**
  auswandern
**ešte** noch;
  **e. nie** noch nicht;
  **e. raz** noch einmal

## F

**fajč/iť (-ím)** rauchen
**fakulta** Fakultät
**falošný** falsch
**farár (-i)** Pfarrer
**farba** Farbe
**farmár (-i)** Bauer
**firma** Firma
**flirt/ovať (-ujem) (s** +7)
  flirten (mit)
**fľaš/a (-e)** Flasche
**frajer (-i)** Liebhaber

**fung/ovať** (3. **-uje**)
funktionieren
**futbal** Fußball

## G

**gauč (-e)** Sofa
**gymnázium**
Gymnasium

## H

**háda/ť sa (-m sa)**
streiten
**hádka** Streit
**história** Geschichte
(hist.)
**hladný** hungrig
**hlas** Stimme
**hlasný** laut
**hlava** Kopf
**hlavné mesto**
Hauptstadt
**hlúpy** blöd
**hľad/ať (-ám)** (+4)
suchen
**hmyz** (Ez) Insekt
**hol/iť sa (-ím sa)** sich
rasieren
**hora** Berg
**hore** oben, nach oben
**hor/ieť** (3. **-í**) brennen
**horký** bitter
(Geschmack)
**horúci** heiß
**horúčka** Fieber

**hostite/ľ (-lia)**
Gastgeber
**hos/ť (-tia)** Gast
**hotel** Hotel
**hotové peniaze** (w Mz)
Bargeld
**hotový** fertig
**hovor/iť (-ím)** (+3 +4)
sprechen, sagen
(jmd. etw.)
**hrad** Burg
**hranic/a (-e)** Grenze
**hr/ať (-ám)** spielen
**hudba** Musik

## I

**iba** nur
**inak** anders
**informácia**
Information
**inteligentný** intelligent
**internát** Wohnheim
**istý** sicher
**ísť (idem,** P **išiel, išla)**
fahren, gehen;
**í. na prechádzku**
spazieren gehen
**izba** Zimmer

## J

**jar** Frühling
**jasný** klar
**jazero** (der) See
**jazyk** Sprache, Zunge

**je** ist; es gibt
**jediný** einzig
**jedlo** Essen, Speise
**jedno** egal
**jednoduchý** einfach
**jeseň** Herbst
**jesť (jem,** 3. Mz **jedia,**
P **jedol)** essen
**juh** Süden

## K

**k** (+3) zu
**kabát** Jacke (Sakko);
Mantel
**kaderník** Friseur
**kame/ň (-ne)** Stein
**kamera** Fotoapparat
**kancelária** Büro
**káva** Kaffee
**kaviar/eň (-ne)** (w) Café
**každý** jeder
**keď** wenn, als (zeitl.)
**keksíky** (Mz) Kekse
**kino** Kino
**klam/ať (-em)** (+3)
(be)lügen (jmd.)
**klobása** Wurst
**klobúk** Hut
**kľúč (-e)** Schlüssel
**kľud** Ruhe
**kľudne** ruhig
**kniha** Buch
**kníhkupectvo**
Buchhandlung
**koláč (-e)** Kuchen

**koleno** Knie
**koľaj (-e)** Gleis
**komár (-e)** Mücke
**koncert** Konzert
**konečne** endlich
**kon/iec (-ce)** Ende,
  Schluss
**kontrol/ovať (-ujem)**
  **(+4)** kontrollieren
**konzervy (w Mz)**
  Konserven
**konzulát** Konsulat
**kop/ec (-ce)** Hügel
**korenie** Gewürz
**koruna** Krone
  (Währung)
**kostol** Kirche
**kos/ť (-ti)** Knochen
**kôň (kone)** Pferd
**kradn/úť (-em) (+3 +4)**
  stehlen (jmd. etw.)
**krajina** Land (Staat);
  Landschaft
**krásny** schön
**-krát (z. B.: dva-)** mal
  (z. B.: zwei-)
**krátky** kurz
**krava** Kuh
**krčma** Kneipe
**križovatka** Kreuzung
**krv (-i) (w)** Blut
**ku (+3)** zu
**kuf/or (-re)** Koffer
**kultúra** Kultur
**kúp/ať sa (-em sa)**
  baden

**kúpeľ/ňa (-ne)**
  Badezimmer
**kúpi/ť (-m) (v)** kaufen
**kus (+2)** Stück
**kúsok (+2)** Stückchen
**kvalita** Qualität
**kvet** Blume
**kvôli (+3)** wegen
**kyslý** sauer
  (Geschmack)

## L

**lacný** billig
**lampa** Lampe
**láska** Liebe
**lavic/a (-e)** (Sitz-)Bank
**lebo** denn
**lekár (-i)** Arzt
**lekár/eň (-ne) (w)**
  Apotheke
**len** nur
**lenivý** faul (träge)
**lepší** besser
**les** Wald
**letenka** Flugticket
**letisko** Flughafen
**leto** Sommer
**lež/ať (-ím)** liegen
**lietadlo** Flugzeug
**lieta/ť (-m)** fliegen
**list** Blatt; Brief
**líst/ok (-ky)** Karte,
  Ticket
**lyž/a (-e)** Ski

## Ľ

**ľad** Eis
**ľahký** leicht
**ľavý** linke(r, -s)
**ľudia (Mz)** Leute

## M

**majite/ľ (-lia)** Besitzer
**málo (+2)** wenig
**malý** klein
**manžel (-ia)** Ehemann
**manželka** Ehefrau
**mapa** Landkarte
**matka** Mutter
**mať (mám)** haben,
  besitzen; sollen;
  **m. rád** gerne haben
**mäkký** weich
**mäso** Fleisch
**medzi (+3)** zwischen
**medzinárodný**
  international
**meno** Name
**mesiac (-e)** Mond;
  Monat
**mier** Frieden
**miestenka** Platzkarte
**miestnos/ť (-ti) (w)**
  Raum
**miesto** Ort, Platz
**miláčik** Liebling
**mil/ovať (-ujem) (+4)**
  lieben (jmd. / etw.)
**milý** nett

**minc/a (-e)** Münze

**minulé** letztes Mal, voriges Mal

**mladý** jung

**mlieko** Milch

**mnoho (+2)** viel, manche

**moc (-i) (w)** Macht

**mokrý** nass

**more** Meer

**most** Brücke

**motorka** Motorrad

**možno** vielleicht

**možný** möglich

**môcť (môžem, P mohol, mohla)** können

**mŕtvy** tot

**mrzn/úť (-em)** frieren

**mus/ieť (-ím)** müssen

**muž (-i)** Mann

**mydlo** Seife

**mysl/ieť (-ím)** denken

**N**

**na (+4)** für (Dinge); (+4 / +6) auf, an

**nabudúce** nächstes Mal

**nad (+4 / +7)** über (oberhalb)

**nahnev/ať sa (-ám sa) (v)** böse sein

**náhoda** Zufall

**nahrad/iť (-ím) (+4 +7)** ersetzen (etw. durch etw.)

**naj/ať (-mem)** mieten

**najmä** besonders

**náj/sť (-dem, P našiel, našla) (v)** finden

**nakoniec** zuletzt

**namiesto (+2)** anstatt

**naopak** umgekehrt, andersrum

**naozaj** echt, wirklich

**nápad** Idee, Einfall

**nápoj (-e)** Getränk

**napriek tomu** trotzdem

**napríklad** zum Beispiel

**národ** Nation

**narodeniny (Mz)** Geburtstag

**naspäť** zurück

**nástroj (-e)** Werkzeug, Instrument

**nástupište** Bahnsteig

**nastup/ovať (-ujem) (do +2)** einsteigen (in)

**návšteva** Besuch

**navštev/ovať (-ujem) (+4)** besuchen (jmd.)

**nebezpečný** gefährlich

**nech/ať (-ám) (+3 +4)** verlassen, hinterlassen (jmd. etw.)

**nehoda** Unfall

**nejako** irgendwie

**Nem/ec (-ci)** Deutscher

**Nemecko** Deutschland

**nemecký** deutsch

**Nemka** Deutsche

**nemocnica** Krankenhaus

**neplatný** ungültig

**neskoro** spät

**neskôr** später

**nežný** zärtlich

**nič** nichts

**nie** nein; nicht

**niečo** etwas

**niekde** irgendwo

**niekedy** manchmal, irgendwann

**niekoľko (+2)** einige

**niekto** jemand

**nízky** niedrig

**no** ja

**noc (-i) (w)** Nacht

**nohavice (w Mz)** Hose

**normálny** normal

**nos/iť (-ím) (+4)** tragen

**noviny (Mz)** Zeitung

**nový** neu

**nôž (nože)** Messer

**nožnice (w Mz)** Schere

**nudný** langweilig

**nutný** notwendig

### O

**o** (+4) um (Uhrzeit), in (zeitl.); (+6) über (Thema)

**obálka** (Brief-)Umschlag

**občan (-ia)** (Staats-)Bürger

**občas** manchmal

**občiansky preukaz** Personalausweis

**obed** Mittagessen

**obchod** Geschäft, Laden

**obchodný dom** Kaufhaus

**obchod/ovať (-ujem)** handeln

**obidva** (Mz) beide

**objednáva/ť (-m)** (+4) (v) bestellen

**oblie/cť sa (oblečiem sa)** sich anziehen

**obloha** Himmel

**obraz** Bild

**obsadený** besetzt

**ochutn/ať (-ám)** (+4) (v) kosten, probieren

**od** (+2) von, seit, ab

**oddelenie** Abteilung

**oddel/iť (-ím)** (+4) (v) trennen

**oddýchn/uť si (-em si)** sich erholen

**odchod** Abfahrt; Ausreise

**odí/sť (-dem, P odišiel)** abfahren

**odkaz** Nachricht, Zettel

**odo** (+2) von, seit, ab

**odpove/ď (-de)** (w) Antwort

**odpov/edať (-iem)** (+3) (v) antworten (jmd.)

**odtiaľ** hierher, von dorther

**oh/eň (-ne)** Feuer

**oko (oči)** Auge

**okolie** Umgebung

**okolo** (+2) um (örtl.); ungefähr

**okuliare** (m Mz) Brille

**olej (-e)** Öl

**omyl** Irrtum

**opera** Oper

**opitý** betrunken

**oplat/iť sa** (3. -í sa) (v) sich lohnen

**oprav/iť (-ím)** (+4) (v) reparieren

**oproti** (+3) gegenüber

**oslava** Feier

**oslav/ovať (-ujem)** (+4) feiern

**osoba** Person

**osprch/ovať (-ujem)** duschen

**ostatní** (m/b Mz) die anderen (übrigen)

**ostrov** Insel

**ostrý** scharf

**otázka** Frage

**ot/ec (-covia)** Vater

**otravný** giftig

**otrav/ovať (-ujem)** (+4) langweilen

**otvárak** Öffner

**otvorený** geöffnet, offen

**otvor/iť (-ím)** (+4) (v) öffnen

**ovocie** Obst

**oznámi/ť (-m)** (+4) (v) benachrichtigen, bekannt machen

**ozv/ať sa (-em sa)** (+3) (v) sich melden (bei)

**ožen/iť sa (-ím sa)** (s +7) (v) heiraten (jmd.) (Männer)

### P

**páči/ť sa** (3. páči sa) (+3) gefallen (jmd.)

**pad/ať (-ám)** fallen

**pamät/ať si (-ám si)** (na +4) sich erinnern (an)

**papier (-e)** Papier

**pár** Paar; ein paar

**park** Park

**park/ovať (-ujem)** (+4) parken

**parkovisko** Parkplatz

**pár/ok (-ky)** Würstchen

**patr/iť (-ím)** (+3)
  gehören (jmd.)
**pekný** schön
**peniaze** (m Mz) Geld
**pero** Kugelschreiber,
  Feder
**pes (psi** od. **psy)** Hund
**peši** zu Fuß
**piecť (pečiem)** (+4)
  backen
**pí/sať (-šem)** (+3 +4)
  schreiben (jmd. etw.)
**pi/ť (-jem)** (+4) trinken
**pivo** Bier
**pla/kať (-čem)** weinen
**plán** Plan
**plán/ovať (-ujem)** (+4)
  planen
**plat** Lohn, Gehalt
**plat/iť (-ím)** zahlen;
  gelten
**platný** gültig
**pláv/ať (-am)**
  schwimmen
**plavky** (Mz) Badehose
**plný** voll, satt
**plyn** Gas
**po** (+6) nach (zeitl.);
  (+6 / +4) entlang
**pobozk/ať (-ám)** (+4) (v)
  küssen
**pobrežie** Strand, Küste
**pobyt** Aufenthalt
**pocit** Gefühl
**počas** (+2) während
**počasie** Wetter

**poču/ť (-jem)** (+4)
  hören
**počúva/ť (-m)** (+4)
  zuhören
**pod** (+7 / +4) unter
**podchod** Unterführung
**pohár (-e)** Glas
**pohodlný** bequem
**pohostinnosť**
  Gastfreundschaft
**poistenie**
  Versicherung
**pokazený** kaputt
**pokladnica (-e)** Kasse
**pol** (+2) halb
**pole** Feld
**polícia** Polizei
**politika** Politik
**polovica** (+2) Hälfte
**polož/iť (-ím)** (+4) (v)
  legen
**poludnie** Mittag
**poľ/ovať (-ujem)** jagen
**pomaly** langsam
**pomoc** (w) Hilfe
**pom/ôcť (-ôžem,**
  **P -ohol)** (+3) (v)
  helfen (jmd.)
**pomýli/ť sa (-m sa) (v)**
  sich irren
**ponáhľa/ť sa (-m sa)**
  sich beeilen
**ponúka/ť (-m)** (+3 +4)
  anbieten (jmd. etw.)
**poplat/ok (-ky)** Gebühr

**popolník**
  Aschenbecher
**popoludnie**
  Nachmittag
**poriadok** Ordnung
**poschodie** Stockwerk
**po/slať (-šlem)** (+3 +4)
  etw. schicken
**posledný** letzter
**postav/iť (-ím)** (+4) (v)
  stellen
**poste/ľ (-le)** (w) Bett
**pošta** Post
**pot/iť sa (-ím sa)**
  schwitzen
**potom** später, dann;
  **p. ako** nachdem
**potraviny** (w Mz)
  Lebensmittel
**potreb/ovať (-ujem)**
  (+4) brauchen
**potvrdenka** Quittung
**použi/ť (-jem)** (+4) (v)
  gebrauchen
**pov/edať (-iem,**
  **P -edal)** (+3 +4) (v)
  sagen (jmd. etw.)
**poviedka** Geschichte
  (Erzählung)
**pozdrav/iť sa (-ím sa)**
  (+4) begrüßen (jmd.)
**pozer/ať sa (-ám sa)**
  **(na** +4) schauen
  (auf jmd.)
**pozn/ať (-ám)** kennen
**pozor** Vorsicht

**pozvanie** Einladung
**pozýva/ť (-m)** (+4 **na** +4) einladen (jmd. zu etw.)
**požič/ať (-iam)** (+3) (v) verleihen (an);
**p. si (od** +2) (v) sich leihen (von)
**prác/a (-e)** Arbeit
**prac/ovať (-ujem)** arbeiten
**pracovisko** Arbeitsplatz
**prať (periem)** (+4) waschen (etw.)
**pravda** Wahrheit
**právo** Recht (gesetzl.)
**pravý** echt, wahr, richtig; rechter
**prázdniny** (w Mz) Ferien
**prázdny** leer
**pre** (+4) für (Personen)
**prechádzka** Spaziergang
**preč** weg
**prečo** warum
**pred, predo** (+7 / +4) vor
**predsa** dennoch, doch, schließlich
**predstavenie** Vorstellung
**predstav/iť (-ím)** (+3 +4) (v) vorstellen (jmd. etw.)

**predtým** vorher;
**p. ako / čo** bevor
**predvčerom** vorgestern
**prehr/ať (-ám)** (+4) (v) verlieren (nicht gewinnen)
**presne** genau
**presta/ť (-nem)** (+4) (v) aufhören
**prestávka** Pause
**prestup/ovať (-ujem)** umsteigen
**preto** deshalb
**pretože** weil
**preukaz** Ausweis
**prevoz** Fähre
**prezl/iecť sa (-ečiem sa)** (v) sich umziehen
**priate/ľ (-lia)** Freund
**priateľka** Freundin
**priateľský** freundlich
**priemysel** Industrie
**priezvisko** Familienname
**príjemný** angenehm
**príklad** Beispiel
**príkry** steil
**prikrývka** (Bett-)Decke
**príliš** zu (sehr)
**prin/iesť (-esiem)** (+3 +4) (v) bringen (jmd. etw.)
**priprav/iť (-ím)** (+4) (v) vorbereiten
**príroda** Natur

**prírodný** natürlich (nicht künstlich)
**prirodzene** natürlich (selbstverständlich)
**prí/sť (-dem, P prišiel)** (v) kommen
**priveľa** (+2) zu viel
**problém** Problem
**proti** (+3) gegen
**prš/ať** (3. -í) regnen
**prúd** Strom (elektr.); Strömung
**pust/iť (-ím)** (+4) (los-, frei-, fallen) lassen; aufdrehen (Wasser)

## R

**rad** Reihe
**rád (rada)** gern
**Rakúsko** Österreich
**rakúsky** österreichisch
**Rakúšan (-ia)** Österreicher
**Rakúšanka** Österreicherin
**rande** Verabredung
**ráno** Morgen; morgens
**raňajky** (w Mz) Frühstück
**rastlina** Pflanze
**raz** einmal
**registr/ovať (-ujem)** (+4) registrieren

**rezerv/ovať (-ujem)**
  (+3 +4) reservieren
  (jmd. etw.)
**rieka** Fluss
**rob/iť (-ím)** (+3 +4)
  machen, tun
**ročný** jährlich
**rodičia** (Mz) Eltern
**rodina** Familie
**roh** Ecke
**rok** Jahr
**rovno** geradeaus
**rozbitý** zerbrochen
**rozčúlený** aufgeregt
**rozčúli/ť sa (-m sa)** (v)
  sich aufregen
**rozdel/iť (-ím)** (v)
  verteilen
**rozhovor** Gespräch
**rozum/ieť (-iem,**
  3. Mz **-ejú)** (+3)
  verstehen (jmd.)
**ruina** Ruine
**ruka** Arm; Hand
**rúra** Schlauch
**ruš/iť (-ím)** (+3 +7)
  stören (jmd. mit etw.)
**ruž/a (-e)** Rose
**ryba** Fisch

**S**

**s** (+7) mit
**sa** sich (4)

**sadn/úť si (-em si)**
  **(na** +4) (v)
  sich setzen (auf)
**sám (sama)** allein
**samoobsluha**
  Selbstbedienung
**samozrejme**
  selbstverständlich
**sanitka**
  Rettungswagen
**sed/ieť (-ím) (na** +6)
  sitzen (auf)
**sem** hierher
**sever** Norden
**si** sich (3)
**sila** Kraft, Stärke
**silný** stark
**situácia** Situation
**sklo** Glas (Material)
**skoro** früh, bald, fast
**skôr** eher, früher
**skupina** Gruppe
**skúsenos/ť (-ti)** (w)
  Erfahrung
**skúsi/ť (-m)** (+4)
  versuchen
**skutočnos/ť (-ti)** (w)
  Wirklichkeit
**skutočný** wirklich
**slabý** schwach
**sladký** süß
  (Geschmack)
**slaný** salzig
**slávnos/ť (-ti)** (w) Feier
**slávny** berühmt
**slnko** Sonne

**sloboda** Freiheit
**slobodný** frei; ledig
**Slová/k (-ci)** Slowake
**Slovenka** Slowakin
**Slovensko** Slowakei
**slovenský** slowakisch
**slovo** Wort
**slušný** höflich
**sľúbi/ť (-m)** (+3 +4) (v)
  versprechen
  (jmd. etw.)
**smädný** durstig
**smer** Richtung
**sm/iať sa (-ejem sa)**
  (+3) lachen,
  auslachen (jmd.)
**smie/ť (-m)** dürfen
**smrť** (w) Tod
**smutný** traurig
**snaž/iť sa (-ím sa)**
  sich bemühen
**sneh** Schnee
**so** (+7) mit
**socialistický**
  sozialistisch
**soľ** (w) Salz
**sp/ať (-ím)** schlafen
**späť** zurück
**spokojný** zufrieden
**spolu** zusammen
**správa** Nachricht
**správny** richtig, korrekt
**sprcha** Dusche
**sprevádza/ť (-m)** (+4)
  begleiten

**spýta/ť sa (-m sa)** (+2 +4) (v) fragen (jmd. etw.)

**sranda** Spaß

**srdce** Herz

**srdečne** herzlich

**stač/iť** (3. -í) (+3) genug sein, ausreichen (jmd.)

**stan** Zelt

**stanic/a (-e)** Bahnhof

**starý** alt

**st/áť (-ojím)** stehen, kosten (Preis)

**sta/ť sa (-nem sa)** (+7) (v) werden (zu)

**stena** Wand

**stihn/úť (-em)** (+4) erreichen (z. B. Zug), schaffen (etw.)

**stolička** Stuhl

**stop/ovať (-ujem)** trampen

**st/ôl (-oly)** Tisch

**strach** Angst

**strana** Seite; Partei

**strat/iť (-ím)** (v) verlieren

**stred** Mitte

**stretn/úť (-em)** (+4) (v) begegnen;

**s. sa (-em sa) (s +7)** (v) sich treffen (mit)

**stretnutie** Verabredung (Treffen)

**stroj (-e)** Maschine

**strom** Baum

**studený** kalt

**stupídny** blöd

**sťaž/ovať sa (-ujem sa)** (+3 +4) sich beschweren (bei jmd. über)

**suchý** trocken

**súkromný** privat

**suma** Summe

**surový** roh

**sused (-ia)** Nachbar

**svadba** Hochzeit

**svet** Welt

**svetlo** Licht

**svetlý** hell

**sviat/ok (-ky)** Feiertag

**sympatický** sympathisch

## Š

**šálka** Tasse

**šat/ňa (-ne)** Garderobe

**šaty (w Mz)** Kleidung

**šek** Scheck

**šetr/iť (-ím)** (+4) sparen

**šikovný** klug

**široký** breit

**ši/ť (-jem)** (+4) nähen

**škaredý** hässlich

**škola** Schule

**špeciálny** speziell

**špinavý** schmutzig

**študent (-i)** Student

**študentský preukaz** Studentenausweis

**šťastie** Glück

**šťastný** glücklich

**Švajčiar (-i)** Schweizer

**Švajčiarsko** Schweiz

**švajčiarsky** schweizerisch

## T

**tabak** Tabak

**tabletka** Tablette

**tadiaľ(to)** in diese Richtung

**tak** so, also

**takmer** fast

**taký** solcher

**takže** also

**tam** dort, dorthin

**tanc/ovať (-ujem)** tanzen

**tank/ovať (-ujem)** tanken

**taška** Tasche

**tehotná** schwanger

**telefón** Telefon

**televízor** Fernsehgerät

**tenký** dünn

**teplo** Hitze

**teplý** warm

**teraz** jetzt

**teš/iť sa (-ím sa) (na** +4**)** sich freuen (auf)

**ticho** Ruhe

**tichý** ruhig

**tie/ň (-ne)** (w) Schatten
**tiež** auch
**tlstý** dick
**tmavý** dunkel
**to** das
**toaletný papier**
  Toilettenpapier
**topánka** Schuh
**totiž** nämlich
**továr/eň (-ne)** (w)
  Fabrik
**traf/iť (-ím)** (+4) (v)
  hinfinden, den Weg
  finden, treffen (Ziel)
**treba** es ist notwendig,
  man muss
**trest** Strafe
**trh** Markt
**trieda** Klasse
**trošku** (+2)
  ein bisschen
**trvať** (3. **trvá**) dauern
**tu** hier
**turistika** Wanderung
**tvár (-e)** (w) Gesicht
**tvrdý** hart
**tým** damit (womit?)
**týždeň** Woche

## Ť

**ťah/ať (-ám)** (+4)
  ziehen
**ťažký** schwer

## U

**u** (+2) bei
**ubytovanie** Unterkunft
**účet** Rechnung
**uč/iť (-ím)** (+4)
  unterrichten, lehren;
  **u. sa** (+4) lernen
**údolie** Tal
**uká/zať (-žem)** (+3 +4)
  (v) zeigen
**ulic/a (-e)** Straße
**umenie** Kunst
**umrie/ť (-m)** (v)
  sterben
**umýva/ť (-m)** (+4)
  waschen (etw.)
**unavený** müde
**univerzita** Universität
**úrad** Amt
**úraz** Verletzung
**uraz/iť (-ím)** (+4) (v)
  beleidigen (jmd.)
**usilovný** fleißig
**usmieva/ť sa (-m sa)**
  lächeln
**úspech** Erfolg
**ústav** Institut
**úzky** eng
**už** schon

## V

**v** (+4) an, in (zeitl.);
  (+6) in (örtl.)

**vad/iť (3. -í)** (+3) stören
  (jmd.)
**var/iť (-ím)** (+3 +4)
  kochen (jmd. etw.)
**včas** rechtzeitig
**včera** gestern
**vec (-i)** (w) Ding, Sache
**večer (-e)** Abend;
  abends
**ved/ieť (viem,**
  **3. Mz -ia, P -el)**
  wissen, können
**vedľa** (+2) neben
**veľa** (+2) viel
**veľkos/ť (-ti)** (w) Größe
**veľký** groß
**veľmi** sehr
**veľvyslanectvo**
  Botschaft (dipl.)
**ver/iť (-ím)** (+3 +4)
  glauben (etw.)
**veselý** fröhlich
**vetrovka** (Wind-)Jacke
**vež/a (-e)** Turm
**vchod (do** +2) Eingang
  (in)
**viac** mehr
**vid/ieť (-ím, P -el)** (+4)
  sehen
**vie/sť (vediem, P -dol)**
  (+4) führen (jmd.)
**vietor** Wind
**vina** Schuld
**vinný** schuldig
**vláda** Regierung
**vlak** Zug

**vnútri** drinnen

**voda** Wasser

**vojna** Krieg

**vol/ať (-ám)** (+4) rufen (jmd.);

**v. sa** heißen

**vôbec** überhaupt

**vráti/ť (-m)** (+3 +4) zurückgeben (jmd. etw.);

**v. sa** zurückkommen

**vrátnica** Pforte

**vrátni/k (-ci)** Pförtner

**vrav/ieť (-ím)** (+4) erwähnen (etw.)

**vreckovka** Taschentuch

**vsta/ť (-nem)** aufstehen

**vstupenka** Eintrittskarte

**vstup/ovať (-ujem) (do** +2) eintreten (in)

**všade** überall

**však** jedoch, doch;

**však?** nicht wahr?

**všetci** (Mz) alle (Leute)

**všetko** alles

**všimn/úť si (-em si)** (+4) (v) bemerken (etw.)

**vtá/k (-ci)** Vogel

**vtedy** dann; damals

**vyb/rať (-eriem)** (+4) (v) wählen (etw. / jmd.)

**východ (z** +2) Ausgang (aus); Osten

**vyd/ať (-ám)** (+3 +4) (v) ausgeben (jmd. etw.);

**v. sa (za** +4) (v) heiraten (jmd.) (nur Frauen)

**vyhov/ovať** (3. -uje) (+3) recht sein, passen (jmd.)

**vyhr/ať (-ám)** (+4) (v) gewinnen

**výlet** Ausflug

**vymen/iť (-ím)** (+4) (v) (aus)wechseln, umtauschen

**vypredané** ausverkauft

**vysoký** hoch

**výstava** Austellung

**vystup/ovať (-ujem) (z** +2) aussteigen (aus)

**vysvetl/iť (-ím)** (+3 +4) erklären (jmd. etw.)

**vyzer/ať (-ám)** aussehen

**vyzl/iecť sa (-ečiem sa)** sich ausziehen

**vzadu** hinten

**vziať (vezmem)** (+4) (v) nehmen;

**v. so sebou** mitnehmen

**vždy** immer

**Z**

**z** (+2) aus, während

**za** (+4) in (zeitl.); (+7 / +4) hinter

**zabal/iť (-ím)** (+4) (v) einpacken

**zábava** Vergnügen

**zabi/ť (-jem)** (+4) (v) töten

**zablúdi/ť' (-m)** (v) sich verirren, sich verlaufen

**zabudn/úť (-em)** (+4) (v) vergessen

**záchod** Toilette

**zachráni/ť (-m)** (+4) retten

**začína/ť (-m)** (+4) anfangen

**zadarmo** umsonst, kostenlos

**záhrada** Garten

**zahraničie** Ausland

**zahraničný** ausländisch

**zahrnutý** inbegriffen

**zajtra** morgen

**zakázaný** verboten

**zákon** Gesetz

**zaľúbi/ť sa (-m sa) (do** +2) (v) sich verlieben (in)

**zám/ok (-ky)** Schloss

**západ** Westen

**zapí/sať (-šem) (u** +2)
(v) sich anmelden
(bei)

**zaplat/iť (-ím)** (+4) (v)
bezahlen

**zarob/iť (ím)** (+4) (v)
verdienen

**zase** wieder

**zastav/iť (-ím)** (v)
anhalten

**zastávka** Haltestelle

**zatvorený** geschlossen

**záuj/em (-my)**
Interesse

**zaujímavý** interessant

**zavol/ať (-ám)** (+3) (v)
anrufen (jmd.)

**zázrak** Wunder

**zbiera/ť (-m)** (+4)
sammeln

**zbytočný** umsonst,
vergebens

**zdravie** Gesundheit;
**na z.** zum Wohl!

**zdrav/iť (-ím)** (+4) (v)
grüßen (jmd.)

**zdravý** gesund

**zdroj (-e)** Quelle

**zdvihn/úť (-em)** (+4) (v)
heben

**zelenina** Gemüse

**zem (w)** Boden, Land,
Erde

**zima** Winter; Kälte

**zlý (zlá, zlé)** schlecht

**zľava** Ermäßigung

**zmen/iť (-ím)** (+4) (v)
verändern

**zmrzlina** (Speise-)Eis

**známy** bekannt;
Bekannter

**znič/iť (-ím)** (+4) (v)
zerstören

**zo** (+2) aus, während

**zob/rať (-eriem)** (+4) (v)
nehmen

**zobud/iť sa (-ím sa)** (v)
aufwachen

**zopak/ovať (-ujem)**
(+4) (v) wiederholen

**zosta/ť (-nem) (s** +7) (v)
bleiben (bei)

**zoznámi/ť sa (-m sa)**
(v) sich bekannt
machen

**zranenie** Verletzung

**zranený** verletzt

**zrazu** plötzlich

**zrelý** reif

**zriedka** selten

**zrkadlo** Spiegel

**zub** Zahn

**zubár (-i)** Zahnarzt

**zubná: z. kefka**
Zahnbürste;
**z. pasta** Zahnpasta

**zúrivý** wütend

**zvedavý** neugierig

**zviera (-tá)** (s) Tier

**zvyk** Gewohnheit

**zvykn/úť si (-em si) na**
(+4) sich gewöhnen
an (etw.)

**zvyknutý (na to)**
gewöhnt sein (daran)

## Ž

**žel/ať (-ám)** (+3 +4)
wünschen (jmd. etw.)

**železnica** Eisenbahn

**žem/ľa (-le)** Brötchen,
Semmel

**ži/ť (-jem)** leben

**život** Leben

# Die Region entdecken mit dem ...

CityTrip
**Bratislava**
Sven Eisermann

ISBN 978-3-8317-3198-5

**€ 12,95 [D]**

Dieser aktuelle Stadtführer ist der ideale Begleiter, um alle Seiten
der slowakischen Hauptstadt selbstständig zu entdecken:

- Erlebnisvorschläge für einen Kurztrip
- Bratislava zum Träumen: Rusovce, Sad Janka Kráľa, Waldpark Koliba
- Alle praktischen Infos zu Anreise, Preisen, Stadtverkehr, Events, Hilfe im Notfall, etc.
- Kleine Sprachhilfe Slowakisch, herausnehmbarer Faltplan | 144 Seiten